JN215409

文と写真
大内　征

とっておき!

低山トラベル

関東平野を
取り巻く名低山
31座

二見書房

「低山趣味」でいこう！

前著『低山トラベル』を書いて以来、〝低山趣味〟という人に頻繁に声をかけられるようになり、とてもうれしい今日このごろです。昨年の、とある日帰り登山のイベントでのこと。東京近郊のみならず、遠くの旅先でも低い山をからめて旅行計画を立てているという方に出会いました。「低山トラベラーですね！」といったら笑っていましたが、そんなふうに低山趣味を分かち合う状況ができつつあることに、素直にうれしく思います。

前著でも述べましたが、ぼくにとって山に関心をもつきっかけとなるのが歴史小説や神話などの昔ばなし。物語のなかに登場する場所……たとえば古《いにしえ》の旅人が越えた峠や、合戦の舞台となった山城の跡、神々の降臨した磐座《いわくら》などを、のんびり登山しながら巡る愉しみ方は、まさに低山トラベルの真髄でしょう。むかし読んだ小説をめくりなおしては、次なる山旅に思いを馳せて、週末の気になる天気にソワソワして……そんなふうに仕事に手が付かない妄想トラベルの時間も、すでに登山の一部です。

余談ですが、好きな作家の一人、司馬遼太郎さんのエッセイに、若き日の〝低山趣味〟の回想があります。『六甲山』という題で、「私は低山趣味で、十三歳のときに大峰山にのぼっていらい、近畿地方の名のある低山は、ほとんどのぼった。」という書き出しで始まり、神戸人と六甲山の関わりよう、さらには中学生の時に友人とその山中で遭難しかけた話も記しています。

山梨・羅漢寺山から黄昏の富士山。
沸き立つ雲海が甲府盆地を這う

まさか司馬さんが「低山趣味」をお持ちだったとは。そして人の営みが染み込んでいる山と麓の物語を綴られていることに心躍ります。やはり低山には高峰では味わえない愉しみが埋もれているようです。

そんなわけで、低いという先入観を打ち壊すほどの絶景低山をはじめ、アスレチックのような修験の岩山、歩き応えのあるロングトレイル……そんな個性豊かな山々道々を、関東平野を取り巻く一円から選りすぐりました。

標高の上限は約千メートルですが、なかには登山口が高い高山、地域の暮らしと深く関わる郷土の山など、さまざまな視点で取り上げています。

本書は、物語を宿す低山に触れて感じたことを、ぼく自身がストーリーテラーとなって案内する写真つきのガイドです。とはいえ、地図については詳しいものを参照してほしいので、ここに収録した国土地理院の地図はあくまで目安にしてください。そのぶん、現地のイメージをなるべく掴めるような写真を取り込みました。

「ページをめくれば、旅がはじまる」

ぼくがよく行く吉祥寺の本屋さんのブックカバーにある名文句です。この本で体験する空想の旅を通じて、いつか歩いてみたい、登ってみたいと思う山が見つかるきっかけになりますように。そんなことを思いながら書きました。

では、ページをめくってみてください。とっておきの「低山トラベル」の始まりです。

大内征

関東周辺◉低山めぐりの旅

嵩山
軽井沢
前橋
高峯山
神成山
松本
城峯山
秩父
諏訪湖
大嶽山
多峯主山・天覧山
飯能
日向山
八王子城山
羅漢寺山
甲府
菊花山・御前山
津久井城山
鐘ヶ嶽
南アルプス
三方分山
風越山
相模川
頭高山・八国見山
箱根
静岡
葛城山
城山
焼津
猫越岳
伊豆大島
御前崎
三筋山
烏帽子山

大月の御前山から九鬼山、杓子山、富士山の展望

各低山の山域を示す国土地理院「地理院地図」を収録しました。現地に行く際は、登山地図等で詳細なルート情報をご確認ください。

また各山の末尾に付記した「コースガイド」は、複数のアクセス・ルートをもつ山もあるのでご注意を。鉄道は最寄り駅を、車の場合は付近のインターチェンジを記しています。そして「山行時間」は、登山口〜山頂〜下山までの〝目安〟と考えてください。

登る山を調べ、地図を入手するところから、登山は始まります。

関東平野をぐるり取り巻く低山の旅

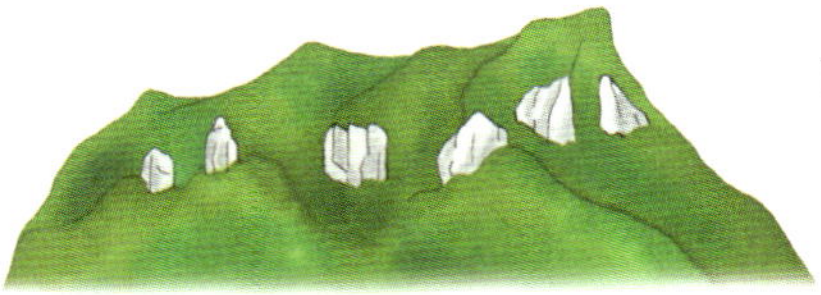

takeyama

hinatayama

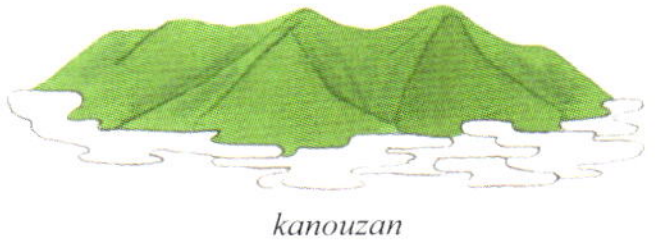

kanouzan

カバー・本文イラスト　小春あや

北関東

茨城・栃木・群馬

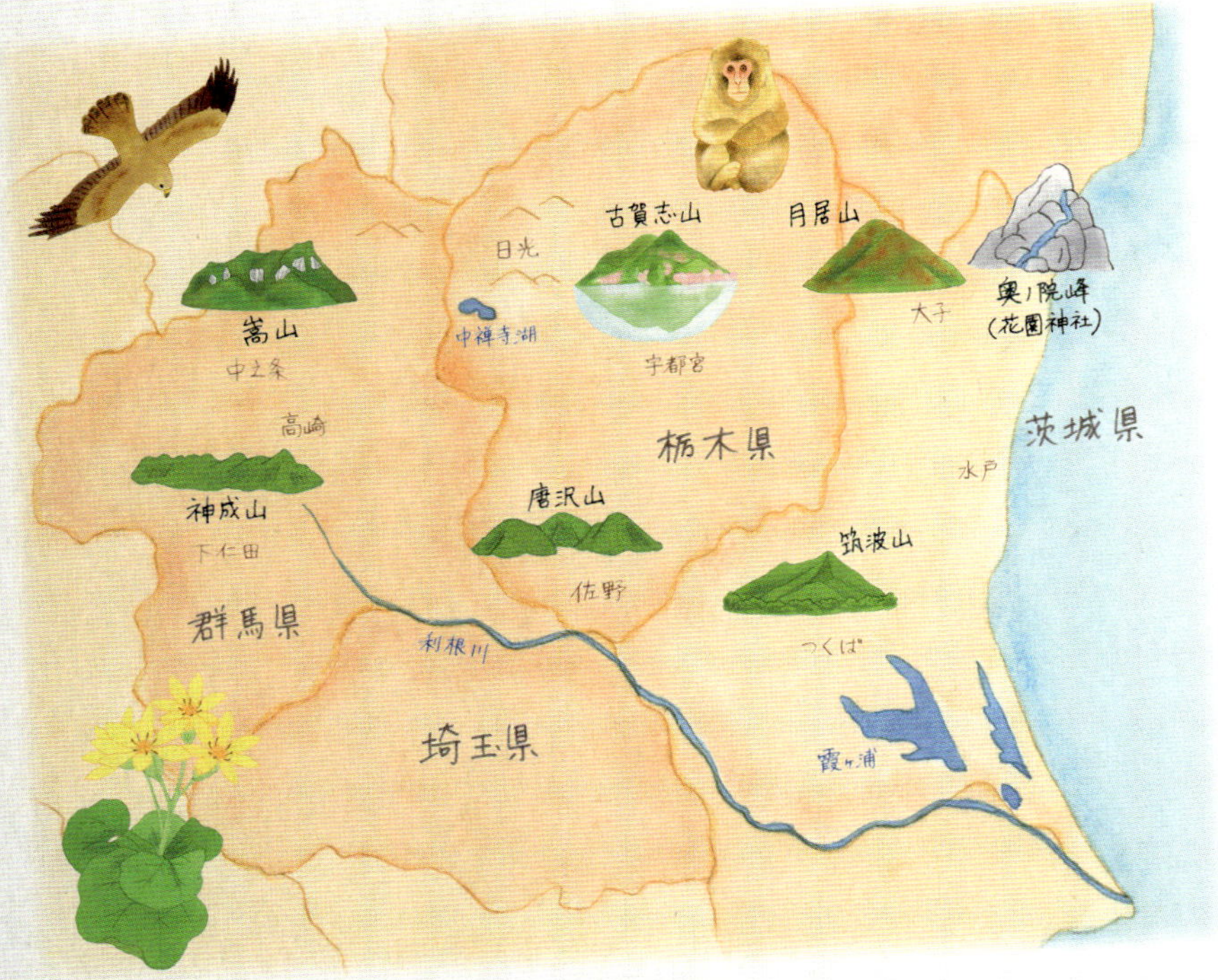

関東平野の北面に屏風のごとく聳える個性的な山々。
ハイキングにアスレチックに、退屈させないトレイルに遊ぶ。

月居山《つきおれさん》

404m

東の田園から双耳峰の月居山を望む。
峰の間が月居峠（右側が前山）

ラクダの〝ふたコブ〟が並ぶ月居山。里から見る双耳峰《そうじほう》が美しい。歴史を秘め、麓には奥久慈の沢水を集める名瀑「袋田の滝」があり、山頂では北茨城から那須にかけての絶景が待っている。

生瀬富士

登山口七曲りから山道を辿る。月居峠を起点に、後山と前山を交互に登る

その名に月を冠するこの山は、稜線をなぞるように月が流れゆき、二つの山を分ける峠に居座って闇を照らす。そんなロマンチックな山名の由来に惹かれて訪れるハイカーも少なくない。かつて西行《さいぎょう》法師が四季折々の美観を讃えた「袋田の滝」をめざす観光客を横目に、ぼくら山の旅人は山上から滝壺へ舞い降りるとしよう。

幕末の歴史舞台・月居峠

さすが日本三名瀑に数えられる袋田の滝、早朝から観光客で賑わう。見返橋《みかえりばし》からは、左手に岩稜荒々しい生瀬《なませ》富士（４０６ｍ）が聳《そび》え、どっしり座した姿で訪れる人々を圧倒する。

対照的に、向かって右手に優しい佇《たたず》まいで座すのが月居山だ。二つのコブをもち、その間に落ち込んだ凹部が月居《つきおれ》峠。そこでは北茨城随一の展望が登山者を待っている。

見返橋を渡ってすぐ右手に折れ、登山口をめざす。集落を通過してすぐ「月居山登山口七曲り」という道標から山に入る。道一本隔てた静かな森に入ると、草木や土の香りが胸を満たし、登山開始の合図をくれる。つづら折れの道を辿《たど》ると舗装の林道（旧道）と合流し、「奥久慈《おくくじ》自然休養林」の案内板からまた山に入る。

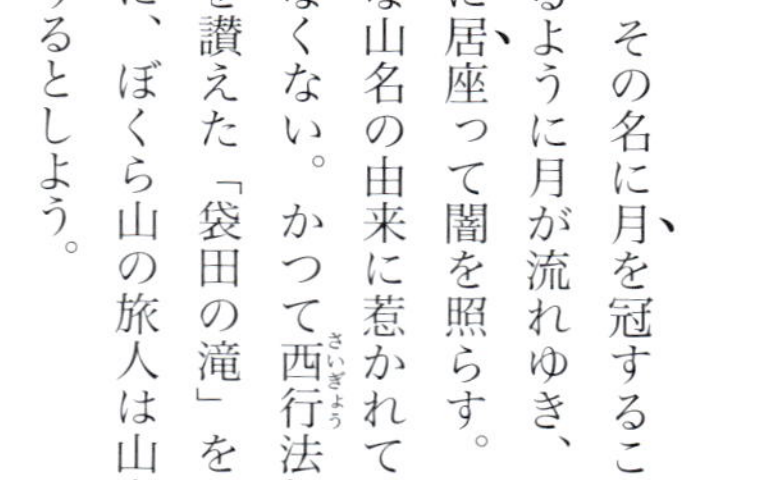

袋田の滝

月居古道をゆく。樹林越しに月居山（後山）

旧道にある「奥久慈自然休養林」の案内。トイレもある

かつて月居古道と呼ばれたこの道は下野《しもつけ》国と太平洋とを結ぶ重要な峠越えのルートで、茨城からの塩が栃木の暮らしを助けた。樹林の隙間から、月居山がちらちら見える。分岐をさらに「月居観音堂」方面へ登ると、まもなく月居峠だ。ここで、幕末の動乱期に筑波山で挙兵した尊王攘夷派の天狗党と、水戸藩の諸生党による戦いがあった。「天狗党の乱」と称される争乱の一端だが、武田耕雲斎《こううんさい》など幕末好きには知られた名前が登場する。

月居城の後山《うしろやま》、大展望の前山《まえやま》

この峠を中心に、後山（南嶺）と前山（北嶺）に分かれ、二峰を総称して「月居山」という。標高はそれぞれ４０４ｍと４２３ｍで、北嶺である前山の方がやや高い。しかし、南嶺である後山に月居城があったので、こちらのみを指して月居山と呼ぶこともある。山頂まで急登だが、備わったロープにはコブ状の結び目が施されているので、それを掴めば滑り止めになる。

かつて山城のあった広い頂はぐるりと木に囲まれて展望はないが、樹林のドームは気持ちがいい。とくに秋は山頂に紅葉《もみじ》の天幕が張り巡らされたようで、素敵なひとときを味わえる。

月居城を築いたのは、常陸国を支配した佐竹氏～北酒出《きたさかいで》の流れを汲む袋田定義であったが、城郭を思わせる遺構は少なく、山の地形を活かしたシンプルな山城だったようだ。後世、佐竹氏の重臣・野内大膳が治め、佐竹義宣の秋田移封に伴って廃城となった。大膳が法名に月居を使ったのが山名の由来とされるが、秋田に移った後、この城を偲んで自称したとも想像できる。

後山の急登ではロープや鎖のお世話になる

月居観音堂方面に登れば、月居峠へ

もみじの天幕を張ったような山頂の樹林ドーム

月居観音堂からは那須岳がみごと。運慶作の聖観世音菩薩が安置されている

前山から尾根道を伝い、正面に大迫力の生瀬富士

月居峠に戻り、かつて源義家（八幡太郎）が戦勝祈願をした月居観音堂に立ち寄る。北茨城から栃木方面の見晴らしがよく、遠くに那須岳も浮き立っている。さらなる絶景を求めて階段を登りきり、かつて山王山と呼ばれた前山を通過する。目の前の生瀬《なませ》富士に向かって落ちていくように急な階段を下りると、ここから大展望の細い尾根道が始まる。左手に大迫力の生瀬富士、前方に奥久慈の山々が美しく波打ち、登山のイメージが薄い茨城県がたちどころに払拭《ふっしょく》される。

痩せ尾根ならではの爽快感を味わったら、ここからは〝滝見下山〟だ。やがて足下に現れる「生瀬の滝」は大釜のような滝壺をもっている。

前山から袋田の滝へ向かう尾根道。左手に絶景を眺めながら歩く

生瀬の滝。正面から見学できる展望台に立ち寄りたい。陽が落ちてなお水の輝きに魅了される

「袋田の滝」と「月待の滝」

ふたたび階段をひたすら下り、白く糸を引いたような袋田の滝の上流部が見えてくると、いよいよクライマックスとなる。この地を訪れた西行法師が、「四季ごとに来てみなければ、真の風趣は味わえない」と絶賛した袋田の滝。かの水戸黄門こと徳川光圀《みつくに》公も訪れた名勝だ。この地域はジオパークの価値を備えた一帯で、春夏秋冬それぞれ〝別物〟の表情を見せてくれる。特筆すべきは、観瀑トンネルからの眺めだろう。有料でも一見の価値ありだ。

ところで、袋田の滝の北西に「月待の滝」がある。高さ17m、幅12mだから、袋田の滝に比べればとても小さい。しかし、普段は二筋の夫婦滝でありながらも、水量が増えると子滝が出現して三筋の「親子滝」となることから、安産や子育ての神さまとして崇《あが》められてきた。

そもそも月待ちとは、月の出を待つ民間信仰の一つ。とくに月齢の二十三夜に集まる場（講）は日本各地に広がり、集まるメンバーで意味も異なる。たとえば男性なら酒を酌み交わす交流の場であり、子どもならお菓子を出しあって遊ぶといった娯楽の要素が強い。女たちにとっては安産を祈願し、暮らしのさまざまな相談事をする大事な集いだった。まさに月待の滝は、この地域の「二十三夜講」の舞台であったことに由来する。

そういえば、深田久弥の『日本百名山』によると、茨城を代表する名山・筑波山のツクは「月」を意味するという。どうやら「月」は、茨城を知るための重要なキーワードといえそうだ。

観瀑トンネルから見る袋田の滝。長さ 120m、幅 73m の大滝だが、その表情は優しい

袋田の滝へ下る階段はかなり急だ。滝から登ってくるとキツイ！

▲コースガイド

アクセス：JR 水郡線・袋田駅から徒歩

駐車場：大子町営の無料駐車場

山行時間：約２時間

「袋田の滝」の上流部は山水画のよう

花園神社奥《おく》ノ院《いん》峰《ほう》

700m

ジェットコースターのような周回コースを歩く。山を削って流れ落ちる「七ツ滝」を辿る道は、四つのピークを巡って一気に下山する爽快ルート。麓の花園神社からスタートして垂直登山に挑む！

奥ノ院から望む太平洋。右下には四段目の滝と繋がるという磯原の市街地

北茨城は渓谷がよい。花貫《はなぬき》渓谷をはじめ、大北渓谷、袋田の滝、竜神峡と紅葉でも知られる渓谷道が多く、低山とセットで歩く楽しみに事欠かない。なかでも花園渓谷の奥には、達成感抜群の〝七ツ滝トレイル〟が待っている。コース上の主峰は花園神社奥ノ院峰だ。その北方に優しく佇《たたず》む花園山とは異なり、鋭い峰をよじ登るのが楽しい山である。

急峻だが爽快な七ツ滝巡り

花園神社の駐車場から柳沢林道に入り（次ページ地図参照）、沢の音に耳を傾けながら歩く。この沢の上流に七ツ滝があり、その峰をよじ登った頂に花園神社奥宮が鎮座する。奥ノ院峰と呼ばれるのはそのためだが、まるで龍が立ち昇るような登山道は、そのほとんどが鎖とロープだ。

林道に赤い滝見《たきみ》橋と石の鳥居が現れる。なんとも荘厳な雰囲気をたたえており、その神額には「奥乃院」とある。

ここに『栄蔵室・七ツ滝トレイルマップ』が置いてあるので入手しておこう。七ツ滝入口から奥ノ院峰、月山、男体山、女体山を巡り、1時間くらいでまたここに戻ってくる。いよいよ短くも急な周回コースの始まりだ。

柳沢林道をたどれば赤い滝見橋と奥ノ院入口の鳥居が見えてくる。すでに沢の音も聞こえる

七瀧龍神とある通り、ここから七段の滝が連なる

七ツ滝の始まりとともに垂直かと思えるような傾斜で、落ちたら大変だ。幸い木の根が張り巡らされ、足がかり手がかりになる。山頂まで鎖が設置されているから、三点支持で確実に登りたい。

七ツ滝は、その名の通り七段の滝からなり、一ノ滝から七ノ滝まで60ｍにわたって急峻な岩峰を削って落ちる。なかには岩の奥を流れ落ちる滝もあり、すべての滝を満足に拝めるわけではない。

とくに四段目の滝にまつわる伝説が面白い。この滝壺はかなり深く、磯原海岸の天妃山《てんぴさん》沖の亀磯にまで通じているという。海と繋がっていることから鮑《あわび》が棲みついているとされ、それが花園神社のご神体だといわれてきた。この話を聞いた徳川光圀《みつくに》が確かめに来たという逸話もあり、好奇心旺盛な〝水戸黄門〟を想像するとおかしい。ちなみに、天妃山（朝日指峰《あさひさすみね》）は光圀が命名した小さな岬の山で、茨城県で二番目に低い山（21・2ｍ）だ。

さて、奥ノ院峰は平坦なところが見当たらないのが楽しい。鎖やロープをつかんでよじ登り、まずは峰の頂を踏む。山頂の社《やしろ》には「花園神社奥之宮」とある。奥ノ院とは寺院の呼び方、奥ノ宮は神社の呼び方だが、意味合いは同じだ。

クサリと木の根をつかんで

花園神社奥ノ院（奥之宮）

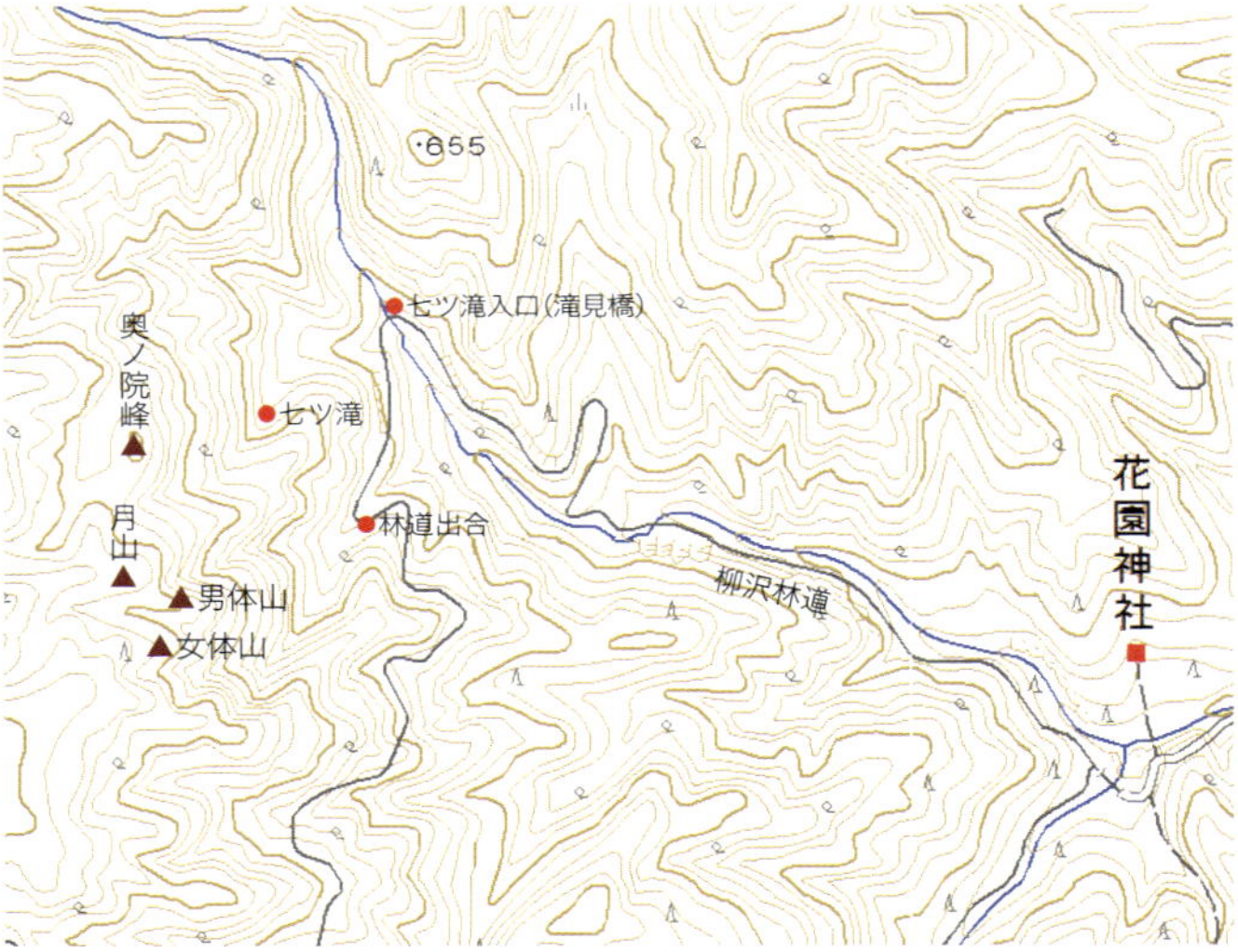

花園神社の駐車場に地図がある。七ツ滝入口から一気に急登をゆく

女体山からの下山ルートもなかなかに楽しめる

女体山の山頂は磐座（いわくら）と祠が目印

麓の花園神社は山奥の古社だが、大きな楼門は寺院を思わせるし、征夷大将軍・坂上田村麻呂による創建と伝わるも、後世は比叡山の慈覚《じかく》大師が開基して天台密教と山王権現の影響が今なお色濃い。こうした寺と社の様式併用が神仏混交の往時を偲ばせる。

東方を振り返れば、太平洋がどこまでも青い。緊張した登りの後だから、思わぬご褒美に笑みがこぼれる。奥ノ院を後にしたら、山上散歩だ。月山、男体山、女体山と次々に巡るが、20分もあれば十分だろう。展望はそれほど望めないが、三つのピークを駆け抜ける気持ちよさがある。

女体山からはこれまた急な下りだ。ロープのコブをつかんで、滑りやすい斜面を慎重に下りる。ときおり巨石や小さな滝に出合う低い山稜地帯だが、思った以上に水は豊かだ。柳沢林道との出合まで下りると、やがて出発地点の赤い滝見橋と石の鳥居が見えてくる。

なんだかジェットコースターにでも乗ったようなぐるりと周回するコース。それだけスリルと爽快感がぎゅっと詰まっている。神社の駐車場の往復を考えても、2時間ほどで楽しめる凝縮のアスレチック登山。その仕上げには山の神々を祀る花園神社に立ち寄りたい。観光客は近寄らない奥ノ院峰のチャレンジャーを、境内の巨木たちが優しく出迎えてくれる。

林道に出合い、ほどなく滝見橋と鳥居の振り出しに戻る

▲コースガイド

アクセス：常磐自動車道・北茨城 IC
駐車場：花園神社
山行時間：約2時間

古《こ》賀《が》志《し》山《やま》

583m

独立した山塊は低山らしからぬ佇まい。
赤川ダムの水面に美しい山影を映す

これほど堂々とした低山も珍しい。遠くから眺めても、ひと目でそれとわかる惚れ惚れする山容。多彩なルートと目を見張る展望に恵まれ、どんな八イカーの心も捉える魅惑の低山だ。

北登山口から沢伝いに登る

赤川ダム起点の周回コースも楽しい

古賀志山は、東北道の宇都宮付近を走っていると、その西に目に留まる独立峰。厳《いか》つい姿だが標高５８３ｍの低山だ。隣りにやや低い御岳《おんたけ》と赤岩山が連なり、三ピーク合わせた山塊のことも古賀志山と呼ぶ。その麓の赤川《あかがわ》ダムや森林公園で終日遊んでいられるレジャーエリアとしても知られる。

赤川ダム周辺にはキャンプ場とバーベキュー場、赤岩山はパラグライダー、御岳はロッククライミング、古賀志山の麓ではサイクリングが楽しめ、「ジャパンカップ・サイクルロードレース」の舞台としてもお馴染みだ。

北関東を見渡す展望尾根をゆく

北登山口から富士見峠を経て「東稜見晴台」をめざす。筑波山方面の展望が素晴らしく、木製テーブル&ベンチで絶景を眺めながら一休みできるのがいい。筑波山から北へ茨城の山々がたなびき、眼下には宇都宮や鹿沼の街が横たわっている。東稜見晴台から西方に、古賀志山、御岳、赤岩山が連なっている。

どの登山口も古賀志山に通じている。自然休養村管理センターで地図を入手しよう

東稜見晴台から雲海に浮かぶ筑波山（右の山）

古賀志山の山頂は木々に囲まれて視界は悪いが、ベンチがあるから昼食には最適だ。御岳へ向かう岩尾根の前に腹ごしらえしておこう。その岩尾根は滑落事故が起きたポイントで油断禁物だが、岩に刻まれた手掛りや鎖をつかんで乗り越えよう。

御岳は、「日本百名山」が見て取れる第一級の展望で迎えてくれる。北には那須岳（１９１７ｍ）、その西に日光・男体山（２４８６ｍ）が盛り上がり、さらに左手には三角に尖《とが》った皇海山《すかいさん》（２１４４ｍ）……。南東には宇都宮の街が広がり、その彼方には筑波山も浮かんでいる。

そして行く手の赤岩山まで荒々しい山稜が延び、なんともダイナミックである。

ところで、御岳は「みたけ」ではなく「おんたけ」と読む。この読み方は、日本百名山でもある木曽の御嶽と関係が深い。吉野・金峯山寺の蔵王《ざおう》権現が祀られる山を「みたけ」というが、それが独自に発展して座王《ざおう》権現となったのが木曽御嶽だ。もともと〝王の御嶽《みたけ》〟と呼ばれ、いつしか転訛して「おんたけ」となった。古賀志山の御岳《おんたけ》も木曽に因み、１８４６年に木曽御嶽から勧請され、山頂に御岳神社が鎮座する。その流れからすると、この山は御岳山ではなく御嶽山と表わすのが相応しいように思う。

古賀志山は電波塔が目印。山頂は広いが展望は望めない

御岳は一番の見晴らし。日光連山を見渡す
山頂には木曽に由縁の御嶽神社も

ちなみに、古賀志山の三山にはそれぞれ古称があり、赤岩山は「西ノ鳥屋《とや》」、御岳は「中ノ鳥屋」、古賀志山は「東ノ鳥屋」と呼ばれていた。地図を見ると、古賀志山のさらに東には「天狗鳥屋《てんぐとや》」とか「雲雀鳥屋《ひばりがとや》」といった低山もある。そもそも〝鳥屋《とや》〟とは、鳥を飼っておく小屋とか、鳥を獲《と》るために身を隠す小屋のことだ。扇形に何かを取り囲むような鳥屋の山々の並びは、何か意味ありげで興味深い。

網目《あみめ》のように多彩な登山コース

この山塊ほど道が入りくみ、冒険心をくすぐる低山もない。北登山口、東登山口、南登山口のどこから入っても、ピストンも周回も縦走も組み立て可能だ。ほかに中尾根コースや滝コース、赤川ダムに向かう南コースなどまさに網目のようで、何度も何度も通って歩き倒したくなる。

しかし、気を付けたいのは〝地図にない道〟が多いことで、踏み跡も不明瞭だということ。まずは自然休養村管理センターにある地図を入手し、ベーシックなコースを楽しんでから未知ルートに挑戦しよう。

古賀志山の山中には巨石や岩窟が点在する。
初挑戦の山は道を知るハイカーと行こう

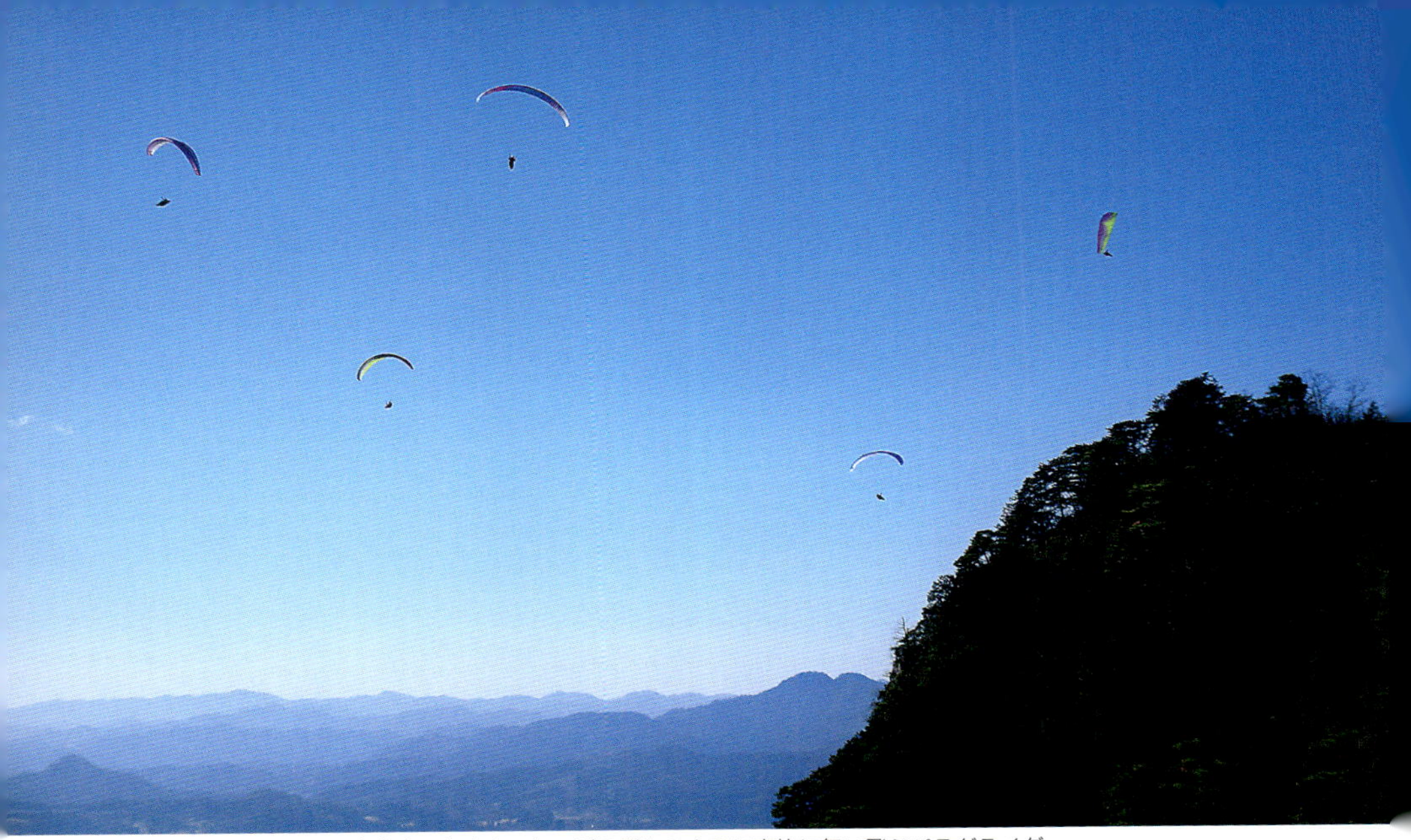

赤岩山の上空を、トンビの群れのように爽快に舞い飛ぶパラグライダー

御岳から西隣りの赤岩山を見下ろす。その向こうには西上州の山々が連なる

岩肌をくり抜いた隠れ家のような岩窟

以前、休憩地で地元ハイカーと一緒になり、地図にない道のことを尋ねたことがある。すると、「それこそが古賀志山の魅力なんです」と、みんなが口をそろえるのだ。後から登ってきた県外のハイカーは、「これで5回目の登山だけど、そのたびに新しい道を地元の人から教えてもらって遊んでるんです」とにこり。この一帯に精通した地元の〝山の達人〟と知り合って、古賀志山の魅力にどんどんハマっていくそうだ。袖《そで》振り合うも多生の縁というが、こうして地域の人との触れ合いを楽しむのも、登山の愉しみの一つだ。

何度目かの古賀志山でのことだった。ぼくも山中で偶然に出会った達人と意気投合し、地図にない道に分け入り、尾根に隠れた岩窟に案内してもらった。周辺には巨石も点在し、自然の造形に感動していると、「まだまだほんの一部だよ」と達人は笑う。聞くと、地元の「NPO古賀志山を守ろう会」などでツアーも行っているそうだ。古賀志山の奥の深さを教わった嬉しい出会いだった。

達人に導かれ、未知なる道を大冒険！

静かな湖畔に映える立派な山容を眺めていると、
いいカモが現れた。カメラを構え、仲のいい２羽
が山の下までくるのを待った……

▲コースガイド

アクセス：JR 宇都宮駅からバス
／東北自動車道・宇都宮 IC
駐車場：宇都宮市森林公園
山行時間：約４時間

唐沢山《からさわやま》

249m

東武佐野線の東方に平行して連なる山並みは、低山トラベルには絶好の舞台だ。なかでも唐沢山は、麓の里から入り江のような奥地に座し、関東最大級の山城を懐に抱いている。その名城を攻略する。

唐沢山から筑波山と月の共演（ツクバは月に因む名称だとか）。手前の断崖は岩船山

低山の連なりの奥に唐沢山は隠れている

佐野市の北方に隠れる唐沢山城。戦《いくさ》上手で知られた上杉謙信の十度にわたる猛攻を凌《しの》いだといわれる山城は、関東七名城の一つに数えられる。北関東の戦国期に思いを馳せる格好の低山で、往時を偲ぶ〝戦国ハイク〟を楽しみたい。

平将門を討った藤原秀郷の根城

麓の田園から低く連なる山を眺めると、形のよい小山がいくつも立ち並び、一見、どれが唐沢山なのかわからない。周囲の山の方が高いから、唐沢山は山間《やまあい》にうまく隠れ、地形を利用して戦うには適しているのだ。

ここに最初に目を付けたのが藤原秀郷《ひでさと》だ。平安時代、東国の独立をめざして戦った平将門を討った人物である。またの名を俵藤太《たわらのとうた》といい、山と関わる伝承を各地に残している。

たとえば、近江富士と称される滋賀県の三上山で悪さをしていた百足《むかで》を退治した話は有名で、そのときに龍神の一族から授かった知恵は、将門を討つのに大いに役立ったという。栃木県の山を歩いていると、似たような「退治話」をよく耳にする。

露垂根神社から唐沢山城までは道が明瞭。見晴小屋経由で下山する際は道荒れに注意

唐沢山神社の鳥居。この先に駐車場とトイレ、並びに登山口の露垂根神社

尾根道から唐沢山の眺め

後世、この秀郷から派生した一族が佐野庄を治め、佐野氏を名乗った。小田原の後北条氏の勢力下におかれた後、その滅亡を機に豊臣秀吉と関係が深まり、築城技術が入ってきたのだろう。山の頂には唐沢山城のみごとな高石垣が残り、関東では珍しい「織豊系城郭」として山城ファンからも熱い視線を浴びている。

静かな登り尾根から、巨大城郭へ

東武佐野線の堀米駅や田沼駅から登るか、または多田駅から諏訪岳（３２３ｍ）を経由して縦走するルートもある。車なら露垂根《つゆしね》神社に駐めてスタートしたい。帰りは、西側の見晴《みはらし》小屋を経て神社に戻ってくるという周回ルートが楽しい。

まずは、露垂根神社の境内にある四十九膳《しじゅうくぜん》神社脇から登山道に入ろう。初めは狭い山道だが、しだいによく踏まれた明るい尾根道となる。途中、南面に展望が開けると、木々の間に姿のいい浅間山《せんげんやま》が見える。毎年7月に「お焚き上げ」と呼ばれる火祭りが行われる山で、千年以上という歴史の起源に秀郷が関わっている。山頂の東屋が目印だ。

やがて合流する舗装路は、唐沢山神社の参道であり、かつての大手道。社務所の隣にある南城跡からは、佐野の市街地を一望でき、東京の高層ビル群やスカイツリーまで見渡せる。

これだけ視界が広いのだから、見張り場として大きな役割を担ったことだろう。麓の地形は入り組んでおり、安易に攻め込むと袋叩きに遭いそうだ。山上には高さ８ｍを超える高石垣が築かれ、この上が山頂となっている。かつては本丸があり、今は藤原秀郷が祀られる唐沢山神社が鎮座する。

山頂に東屋のある浅間山。その向こうに佐野の街並

唐沢山城跡の唐沢山神社は石垣がみごと

見晴小屋から西の展望。眼下には秋山川、その向こうに足利の低山

絶景の天狗岩と、上杉謙信を苦しめた鏡岩

曲輪《くるわ》（城内）の迷路のような造り、直線的な侵入を防ぐ「食い違い虎口《こぐち》」、四つ目堀と呼ばれる堀切《ほりきり》、いざとなったら切り落とす曳橋《ひきばし》、山城に不可欠な井戸など、中世の山城に興味のある人にとっては見どころ多し。

下山の前に、二つの巨岩に立ち寄りたい。まず「天狗岩」に立てば西方の眺めは一望で、隣の足利市から群馬へと連なる低山の上に、榛名山《はるなさん》をはじめ西上州の山々が浮かんでいる。この城を攻略した越後の上杉謙信の動向も、ここから見張っていたであろう。レストハウスの下にある「鏡岩」も、西日を浴びて反射し、謙信を悩ませたと伝わる岩だ。

この鏡岩から見晴小屋に向かう。途中の尾根道もよい眺めで、東に岩船山が目立ち、その彼方に筑波山の山容が美しい。見晴小屋とはいえ、今は建物のない岩場だが、ここから西方の展望もいい。

帰り道も低山ならではの眺めを楽しめるが、道は少々荒れて所々で分岐するので「初心者コース」という道標に従うといい。やがて舗装された林道に出て、すぐ先にある第2駐車場の奥から再び鬱蒼《うっそう》とした道に入り、麓の集落から露垂根神社へと戻る。

のどかな田んぼ道を辿りつつ振り返れば、山に挟まれた袋小路のようで、その奥に座す唐沢山はたしかに攻め難そうだ。

鏡岩

▲コースガイド

アクセス：東武佐野線・堀米駅または田沼駅／東北道・佐野藤岡IC

駐車場：露垂根神社

山行時間：約2時間

天狗岩から西方を

嵩山《たけやま》

789m

古くは嶽山とも書かれた勇ましい姿。
見るからに、挑戦したくなる山容だ

中之条町の北方に獣のように伏す嵩山は、訪れた者の目を惹き付ける。小天狗、中天狗、大天狗の3つの頂と33の観音巡り、そして上杉・武田・北条の三大勢力の争い。各時代の舞台となった霊山の魅力を辿る。

人は死して端山《はやま》から深山《みやま》へと魂は昇る。その魂が集まる山を、古来〝たけやま〟と呼んだ。この嵩山もそんな霊山の一座だ。ひと際目立ついでたちに、中之条盆地のどこにいても視線を奪われる。まるで嵩山がずっとこちらを見ているかのようで、この地で繰り広げられた上杉・武田・北条の攻防も静かに見守っていただろう。

戦国ロマンと巡礼の山に身を置く

かつてこの地は上野《こうずけ》と呼ばれ、別称を「上州」といった。とくに吾妻地域は山と盆地で成り立つ風光明媚な土地。近年は芸術祭「中之条ビエンナーレ」で知られ、アートもレジャーも楽しめる町として注目されている。

そんな土地を戦国大名も放っておかなかった。北から越後の上杉、西から甲斐の武田、南から相模の北条がたびたび侵略し、激しく奪いあった。三つ巴《どもえ》の舞台となった吾妻の低山は数知れず、この嵩山に築かれた山城にも戦国の逸話が伝わる。

麓の親都《ちかと》神社の裏手が表登山道だ。上からは「男岩」が見下ろしている。鳥居の左手には、この山と関わりの深い家紋《かもん》が目にとまる。子どもの遊具の屋根に、真田の「六文銭」が飾られているのだ。実はこの山には城があり、嵩山合戦と呼ばれる大きな戦《いくさ》で、武田信玄の上州進出の一翼を担った真田幸隆（幸村の祖父）によって攻め落とされた。

表登山道ルートがお勧め。現地にはコースの案内板が点在

鳥居の上に聳える男岩

戦国期の嵩山城は、この近くの岩櫃《いわびつ》城を拠点としていた吾妻氏・斎藤憲広の手中にあり、その三男・斎藤城虎丸《じょうこまる》が若き城主だった。上杉の支援を背景に、武田や北条によるたびたびの侵略を退《しりぞ》けてきたが、真田幸隆との激しい攻防戦のすえ、城主・城虎丸は大天狗より身を投げたという悲話が残る。

この一連の戦で命を落とした数多の戦死者を弔う山として、江戸中期に「嵩山三十三番観音」ができ、ほどなく秩父三十四番、西国三十三番が加わって「嵩山百体観音」が成立する。以降は鎮魂の山となって巡礼の旅人を受け入れ、山中に石仏が点在している。

明治になって一時的に廃《すた》れた観音巡りだが、地域の努力によって道が復活し、平成の世となってふたたび光を浴びつつある。かくして現代に生きるぼくらハイカーは、歴史に思いを馳せながら気軽に歩くことができるようになった。

屋根のてっぺんに「六文銭」

嵩山三十三観音巡りも楽しい

小天狗の山頂。西の展望が素晴らしく、岩櫃山はこの方角

小天狗！　中天狗！　大天狗！

歴史ロマンを宿す登山道は、とりつきはやや急なものの、気持ちのいい巡礼のトレイルだ。ほどなく大手門跡となり、東京スカイツリーと同じ標高６３４ｍの看板を経て、最初にめざす小天狗までは30分ほど。山頂の岩場に立つと、想像以上の大展望に目を見張るだろう。小天狗は嵩山の〝西の峰〟で、眼下には不動岩が座す。視線を北東に移すと、これから向かう中天狗がすぐそこだ。

乗っ越しの「天狗の広場」はかつての二の丸跡で、簡易トイレとベンチがあるので休憩にちょうどよい。

小天狗から隣の中天狗を望む

小天狗の頂に建つ小さな祠は大鳥神社

七十一の石仏に護られる「実城の平」

中天狗の頂に石尊社。相模大山の信仰がこの山にも伝わる

大天狗、中天狗、小天狗の分岐

中天狗に向かう途中、胎内くぐりへの道が分岐しており、そのまま大天狗に向かうことも可能。分岐の方にそれず、正面の三社神社の上に、二つ目のピーク・中天狗がある。山頂の石尊社《せきそんしゃ》は雨降《あふり》で知られる伊勢原市の大山を起源とした信仰で、石尊や雨降という名称はすべて大山につながる。北関東の低山ではよく見かけるので、山と歴史のトリビアとして覚えておきたい。

中天狗を後に5分、「実城《みじょう》の平《たいら》」に到着。ここが本丸跡であり経塚《きょうづか》だ。跡地を取り囲むように配置された石仏は、西国・秩父観音の七十一体。激戦の御霊を鎮《しず》めるべく、静かに佇んでいる。

ここからいよいよ嵩山の核心、大天狗に入る。傾斜はそれほど厳しくないものの、とにかく長いクサリで登る巨岩の道は、アスレチック気分満載でワクワクするだろう。クライマックスに3mほどの巨岩をよじ登れば、〝東の峰〟大天狗の頂となる。

789mから眺める中之条盆地とその周辺の山岳展望は第一級といえよう。小天狗と並んで、実に魅せてくれる低山なのだ。

大天狗の入口から始まる長いクサリ道は三点支持で落ち着いて

大天狗の山頂はこの「女岩」の上。祠は中之条の和利宮（吾妻神社）の奥宮。
若き城主・斎藤城虎丸はここから身を投げたと伝わる

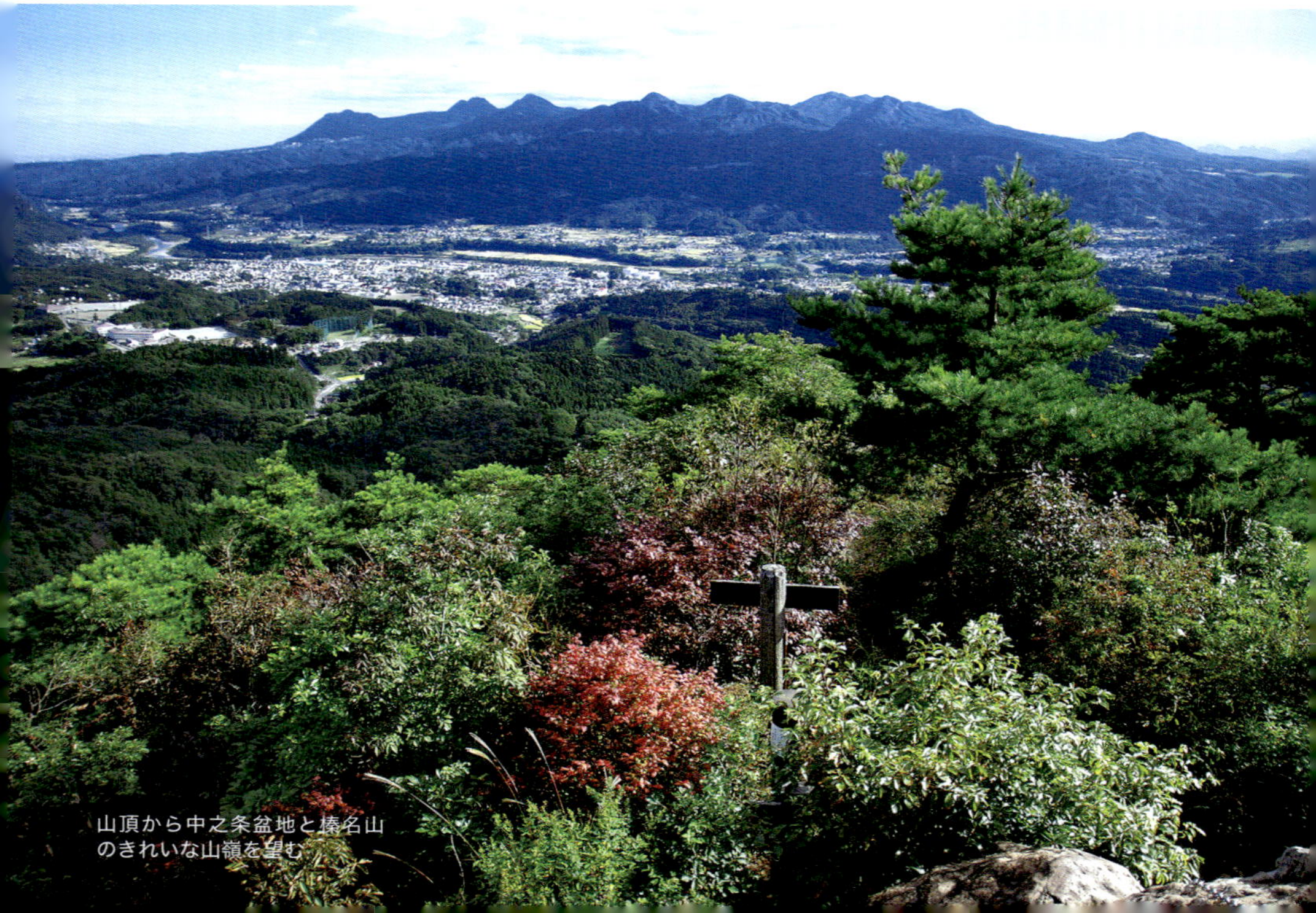

山頂から中之条盆地と榛名山
のきれいな山嶺を望む

絶壁に開いている弥勒穴。人体のあらゆる〝穴〟に関する病気にご利益があるとか

山中に点在する観音像

小天狗～大天狗を縦走して、もし余裕があれば、周辺の見どころにも寄ってみたい。山頂にこだわらず、三十三体の嵩山観音巡りもよし。また、小天狗からはクサリでよじ登る不動岩へ、中天狗の下には胎内くぐり、大天狗からは烏帽子岩と五郎岩まで足をのばすもいい。

帰りには、ぜひ「弥勒穴《みろくあな》」に立ち寄ろう。東参道を下山する途中、鬱蒼《うっそう》とした杉林に垂直の岩壁が出現する。この屏風岩に指を突っ込んだような穴が開いている。仏さまの耳鼻の穴のようだが、崖をクサリでよじ登れば、穴の中で弥勒菩薩が待っている。手を合わせて〝浄土〟を後にし〝下界〟をめざそう。20分ほどで道の駅が見えてくる。

▲コースガイド
アクセス：JR 吾妻線・中之条駅よりバス
駐車場：道の駅「霊山たけやま」
山行時間：約２時間半

神成山《かんなりやま》

321m

丘陵のような低山の連なりは〝九連峰〟と呼ばれる。九つのピークが並ぶさまは、まるで龍が寝そべっているかのよう。「日本一きれいなハイキングコース」と謳われ、別名「富岡アルプス」と呼ばれる低山回廊だ。

宇芸神社の参道から神成山と上信電鉄

西上州には風変わりな岩山が多く、その姿を眺めているだけで飽きない。奇岩が織りなす複雑なシルエットは、アスレチック体験ができそうでワクワクさせられる。そんな厳《いか》つい山に囲まれながら、里山の趣と稜線歩きを存分に楽しめる低山が、この神成山なのだ。

日本一きれいなハイキングコース

ツツジの名所・宮崎公園から坂道を登り、登山口の富岡市立西中学校に出る。校門の外に「神成山ハイキングコース」の看板が立っていて、向かい側の農地の端から校舎の脇を抜けて山中に入る。すると道端のお地蔵さんが笑顔で迎えてくれる。ついこちらも微笑《ほほえ》んでしまうが、ここから始まる低山山脈に期待が高まる。

ほほえみ地蔵がお出迎え

およそ3・5キロにわたって九つの峰を踏破するコースは、さすが日本一を謳《うた》うだけのことはあり、とても歩きやすく山中も明るい。南に大きく展望が開ける最初の見晴台には「姫天狗」と名付けられた岩があり、眼下に美しい田園モザイクが敷きつめられている。タイミングがよければ、山に並行して走る上信電鉄の姿も目にとまる。

南方にでんと構えているのは、標高1370mの稲含山《いなふくみやま》。くっきりと際立つ山影、そして周辺の景観は低山ならではの美しさだ。以降、ずっとこの田園風景と稲含山に見守られながら歩くことになる。

西中学校（右上）の登山口から、よく整備された尾根道を西へ縦走する

稲含山（中央）との間に広がる
稲刈り前の美しい田園

“龍の背”に乗り、どこまでも

なにせ九連峰だから、峰の頂と鞍部がほどよいアップダウンを繰り返し、そのたびに雰囲気のよい尾根道が巡ってくる。これが実に楽しい。

姫天狗を後にして次なる鞍部をぐいっと登り返すと、神成城の本丸跡に出る。周囲を取り囲むように土塁が築かれている、いわゆる平山城だ。ここは上杉・武田・北条が関東の覇を争った時代、甲斐武田家に仕えた小幡氏が治めた国峯城の支城で、実は登山口にあった中学校は、かつてもう一つの支城・宮崎城があった場所。戦国の世には、この尾根道を数多の兵が往復し、城と城を行き来したのだろう。

南に見える田園の色彩に目を奪われながらも、調子よく歩を進める。宇芸《うげ》神社分岐を過ぎると、山頂へのびる尾根へ……。

峰と峰の間の鞍部。ワクワクする魅力的な道

土塁に囲まれた広い本丸跡

神成山の最高峰「龍王ピーク」。あたりに木曽御嶽の影響が散見される

神成山の主峰は「龍王ピーク」。標高321mの頂は東と南に展望が開け、小さな祠とベンチがあり、登山者名簿をざっとめくると、関東各地のハイカーたちが訪れている。以前、ここのベンチで、「子どもの頃からずっと登ってるよ」という方が休んでおられた。その回数を聞いて仰天した。なんと二千回！　日本各地に地元の山を愛して通う人は多いけれど、なんとも恐れ入りました。対面する稲含山のことや地元の祭りのことを、さも嬉しげに語る顔が印象的だった。

さて、この先はアップダウンが目立ってくる。尾根道の気持ち良さがあるものの、南側は切り立った崖になっているため、油断はできない。途中、「緊急下山道〜至中村」なる赤い看板が現れて感心した。鞍部はいわば峠のようなもので、東西の縦走路に対して南北のエスケープルートが出ている。これは各地の「低山山脈」でよく見受けられるが、登山者のレベルや当日の気分でルート設計ができるハイカーにやさしいコースでもある。

やがて、旧宇芸神社跡の標識が立つピークを越えると、最高のビューポイントに出る。開けた展望に、麓の田園と稲含山の組み合わせが素晴らしい。とくに黄昏《たそがれ》どきは、時を忘れてしまう。遠くに西上州特有の岩峰がギザギザのシルエットを夕焼けのカンバスに描いている。

見どころが続く尾根の縦走路は、割れた石碑が哀れを誘う「打越《うちこし》の御嶽《おんたけ》さん」を越えて神成山西端の吾妻山《あづまやま》（328m）に至り、クライマックスを迎える。

修験者が訪れた気配を残す打越の御嶽さん

落日の中に浮かぶ西上州の岩峰シルエット

帰り道は「姫街道」の里歩き

吾妻山から新堀《にいほり》神社の登山口へ下山すると、大サボテンの家を目印に、上信電鉄の南蛇井《なんじゃい》駅方面と、スタート地点の宮崎公園に戻る「姫街道」に分かれる。周辺はもう住宅街だが、道路や庭先の手入れように里の美意識の高さがうかがえる。姫街道とは、主要な街道に対する別ルートの名称、たとえば「東海道」に対する浜名湖北岸の街道などが知られる。女性が面倒な関所を避けた裏街道という説もあるが、ここ神成山の尾根道に〝姫天狗〟と名付けられた岩があったことを思えば、姫にはなにか謂《いわ》れがありそうだ。

姫街道を辿っての帰途、神成山脈の中央部に差しかかったところが「龍王ピーク」の南麓にあたる。ここに宇芸神社が鎮座し、上信電鉄が参道を横切っている（トップの写真参照）。このあたりから眺める田んぼ越しの神成山は、さながら龍が大地を這っているかのようだ。振り返れば、稲含山が長い裾野を広げている。

稲刈りの頃、畦道に曼珠沙華《まんじゅしゃげ》が咲き誇る。花言葉は「再会」。日本一きれいなハイキングコースに、また会えますように。そう思わずにはいられない良き低山である。

新堀神社は西側の登山口

古代蓮の里の彼方に稲含山

▲コースガイド

アクセス：上信電鉄・神農原駅から徒歩
駐車場：宮崎公園
山行時間：約２時間半

筑波山、男と女の辿る道

「つくばりんりんロード」から
男体山（左）と女体山

筑波山で、にぎやかなパーティに遭遇した。登山でパーティといえば「グループ」のことで、宴会騒ぎに出くわしたわけではない。このときはおよそ10人くらいの一行で、見たところ年齢層はちょっと幅がありそうだったけれど、男と女がほぼ半数。とても楽しそうな雰囲気だった。

筑波山は男女の神さまがいることで知られる、茨城県の日本百名山。男体山と女体山それぞれがピークの双耳峰で、男体山には伊弉諾尊（筑波男神《つくばおのかみ》）が、女体山には伊弉冊尊（筑波女神《つくばめのかみ》）が祀られている。871mの男体山より女体山のほうがやや高い877mで、1000mに満たない背丈の低さもなんのその、深田久弥は歴史の深さで日本百名山に選んだ。ちなみに、百名山の中でもっとも低い山でもある。

筑波山の信仰の歴史はかなり古い。これらの夫婦神が縁結びの縁起となっているることから、それを願って多くの参拝者がやってくるのは、今も昔も変わらない。後日、「筑波山で合コン！」というイベントの記事を見つけて、そうか、あのパーティはそれだったんだと気づいた。主催した人は、記紀神話などの物語を踏まえて企画したんだろうなぁと感心したものだ。もうずいぶん前の話なので、あのときは「山で合コン！」だったけれど、今は「山で婚活！」の「山コン」になっている。

女体山から眺める男体山

女体山から関東平野の南東の眺望。
霞ヶ浦の湖面が白く光る

ところで、日本各地の山を歩いていると、男と女に因むものをよく見かける。

筑波の男体山と女体山は文字通りだが、たとえば山歩きの最中にしばしば出くわす「男坂」と「女坂」などはその代表例で、とくに信仰の山でよく見かける。

直登できつい参道や尾根道を男坂、なだらかな迂回路や谷道を女坂とするケースが多い。どちらを選んでもご利益に変わりはなく、祈りを捧げる里人の利便を考慮して作られた道である。

巨石の多い女体山。弁慶も尻込みしたという今にも落ちそうな「弁慶七戻り」

足利・大小山（だいしょうやま）の男坂・女坂

相模大山（丹沢）の男坂・女坂

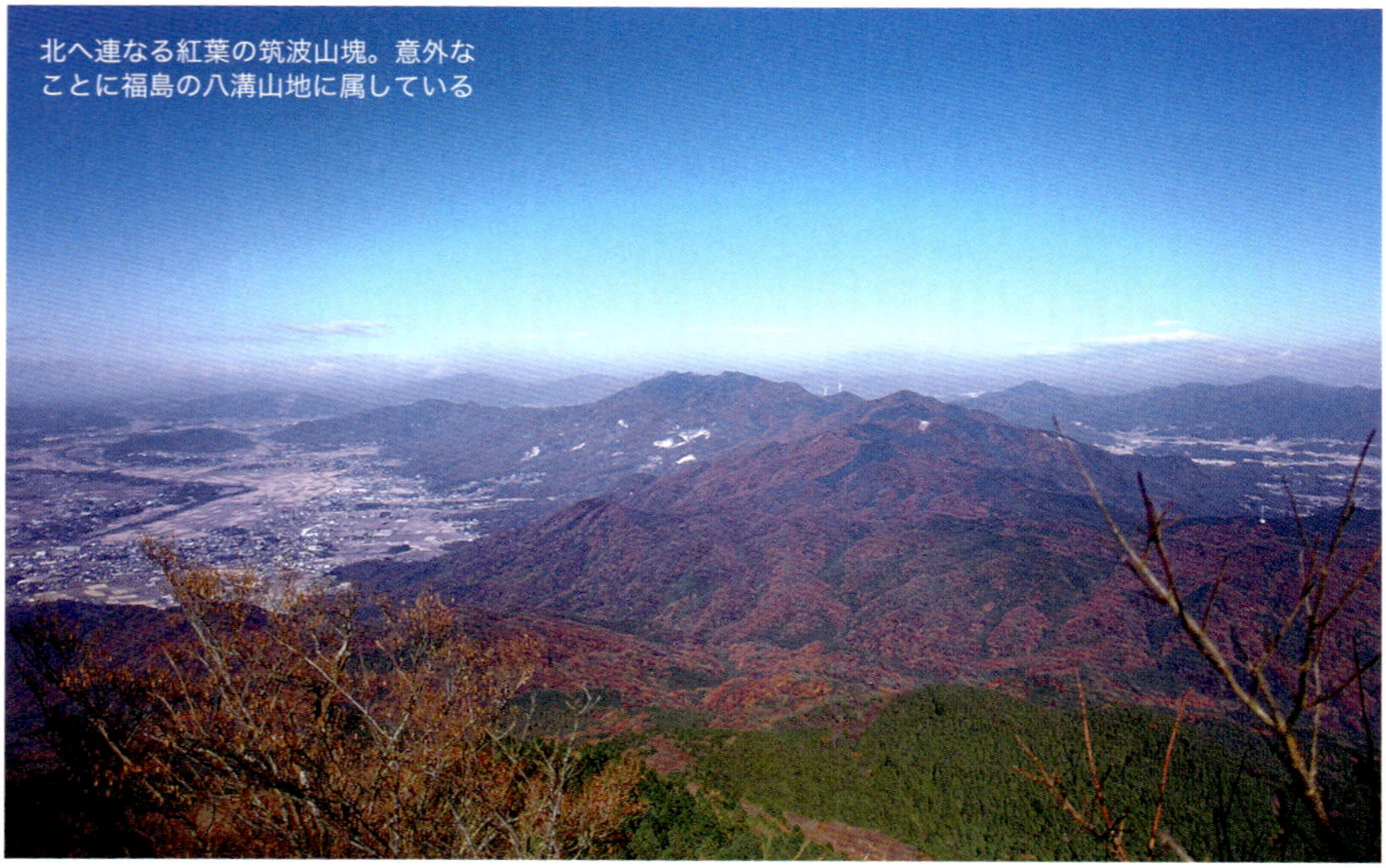
北へ連なる紅葉の筑波山塊。意外なことに福島の八溝山地に属している

ちなみに、そのように道が分岐するところを「追分《おいわけ》」と呼ぶ。日本各地の街道筋で「○○追分」という地名を見かけるが、たとえば中山道にある「信濃追分」は、まさに北国《ほっこく》街道と中山道の分岐点にある宿場町（追分宿）だ。山の中で見かける「追分」は祠や社が目印になっていることが多く、旅人はその先の旅路の安全を祈る。追分で分岐した道はやがて合流することが多く、そうした場所を「出合《であい》」とか「落合」と呼ぶことも、あわせて知っておくとよい。沢や谷が落ちあう場所も、同じように呼ぶ。

相模大山の登山口に鎮座する知恵の神「思兼《おもいかね》」が、追分社として分岐の目印に

こんなふうに、街道や峠道、沢や尾根などの名称や地形から、その場所の由来や状況を想像するのも楽しい。

机の上で地図を眺めながら山旅を思い描くことを「机上登山」という。頭のなかで山旅を立体的に膨らませることができれば、もう立派な〝空想トラベラー〟だ。山に行けないときなどは、地図を傍らに書斎の低山トラベルに出掛けるのも愉しい。

南関東

千葉・埼玉・東京・神奈川

戦国時代の名城といわれる"城山"から、里山のロングトレイルまで……
関東平野を東西から見おろす山々は、バリエーションが豊かだ。

高鶴山《たかつるやま》

326m

上神社バス停付近の橋から夕暮れの高鶴山

南房総の高鶴山は低山ながら威厳のある独立峰。往復2時間ほどの軽い山歩きだが、池あり滝あり、竹林ありと見どころが多い。山頂からは、富士の高嶺と太平洋をずっと眺めていたくなる。

深い緑に包まれる貯水池。
空と山が水面に映える

南房総は、里山が波のように重なる低山の宝庫だ。特に嶺岡《みねおか》山系は千葉の屋根といわれ、県最高峰の愛宕山《あたごやま》（408m）をもつ。この山系の南側は保水に優れた地質で水に恵まれ、谷に沿う曽呂《そろ》川流域の上《かみ》地区から眺める独立峰・高鶴山はことのほか美しい。

畑のせき（西から）、東善寺（南から）〜どちらの道も十字分岐で合流する

源流から竹林の道をゆく

洲貝川を遡る

せせらぎを遡り、竹林の奥に眠る歴史を訪ねて

登山道は東と西、南側についているが、西の貯水池から登るルートが面白い。道標「畑のせき」を目印に山に入ると、すぐに貯水池だ。池端につけられた道を辿《たど》り、池の奥へ奥へと歩を進めるワクワク感がいい。

水辺から樹林に入ると、洲貝川《すがいがわ》の小さなせせらぎが「三段の滝」を伝って貯水池に注いでいる。丸太の橋を渡り、さらにその奥へ分け入ると源流域となり、周辺は竹林に囲まれ神秘的な湿地になる。

「高鶴」とは、湿地や清流を意味する古代語だという。水と土に恵まれた高鶴一帯には棚田が点在するが、きっと美味しいお米が穫れるのだろう。

竹林の奥に小さな社がある。古峯ヶ原《こぶがはら》神社とあるから本拠は栃木県の古峯《ふるみね》だ。ちょっと寄り道になるが、ここの竹薮は〈スズメのお宿〉を連想させて楽しくなる。古峯といえば日本武尊《ヤマトタケル》に因む古社もあり、野火の危難を剣で薙《な》ぎ払ったエピソードは静岡・焼津の地名由来となったが、ここ高鶴山でも火災から護るべく火伏の祈りをこめて祀ったのだろうか。

古峯ヶ原神社の入口は、貯水池、高鶴山の山頂、東善寺の十字分岐となるので、下山に備えて覚えておこう。この先、馬頭観音を過ぎると急な登りになるが、ほどなく山頂だ。

古峯ヶ原神社には出羽三山信仰の名残も

登山道へはここから入る

左端は御殿山の一部。双耳峰の富山と台状の伊予ヶ岳の間に相模湾も見える

天の川伝説が残る「雨乞い」の山

高鶴山の山頂は小さな盛り土のようで、腰をおろして休憩しているだけで心地いい。西方には富山三山（御殿山、富山《とみさん》、伊予ヶ岳）が立ち並び、その奥には相模湾を隔てて伊豆と箱根の山、富士山も姿を見せてくれる。振り返れば東方に、どーんと太平洋が広がっている。

この山頂には「石尊様」なる小さな社があり、中には天狗の面が奉納されている。下野《しもつけ》国・古峯ヶ原の天狗信仰がここで繋がったわけだが、そもそも石尊とは相模国・大山信仰を意味する。関東一円の低山で見かける石尊が、ここ安房《あわ》国の高鶴山にまで届いているのだ。遠く離れた山々が、古くから祈りや信仰で繋がっているという、いわば「山のネットワーク」をこの小さな山頂でも感じ取ることができる。

この地に伝わる、雨水と五穀豊穣をめぐる面白い伝承がある。高鶴山に住む若い神が、山上に美しく輝く星を毎晩うっとり眺めていて、恋に落ち、そして結ばれた。星の父は太陽、母は月で、日々両親に見守られて仲睦《むつ》まじく暮らしていた。そんなある夏、日照りが長く続き、高鶴山の麓に暮らす人々は実らぬ作物に生活も苦しく、山の神と星の夫婦も水がなく困っていた。

高鶴山の山頂はこんもりした土手のよう。その下には雨乞いの神「石尊様」が祀られ、天狗の面が奉納されている

外房の江見の浜まで約 5km。
その先に太平洋の海原

そこで、星の母である月に懇願し、夜中に天の川から水を分けてもらった。そのおかげで、この山麓は農作物が豊かに稔る元の潤いのある土地になったという。これは丹沢・大山（雨降山）の石尊信仰とも繋がる話であり、高鶴の古代語にも通じるエピソードといえる。高鶴山の周辺に、星ヶ池や星井滝、星ヶ畑といった星が付く場所がいくつかあるのも面白い。

現在、この辺りは鴨川市になっているが、かつては曽呂《そろ》という村だった。周辺町村と合併するなかで村名に字《あざ》を付けて残すケースもあるが、この地域では施設名や曽呂川などの河川名にして往時の面影をかろうじて残している。

その昔、この村には寺院が多く、修行で住みついた僧侶がたくさんいたことから、当初は「僧侶村」と呼ばれた。しかし、世が移って人が減ったためにんべんを取って「曽呂《そろ》村」にしたという。土地の謂《いわ》れを知るのに「字」や「沢」に付く名称から紐解くことはよくあるが、なるほど文字通りかと感心させられる。

小さな山だが、さまざまな暮らしと伝承を麓に宿す大きな山なのである。

▲コースガイド

アクセス：JR 内房線・安房鴨川駅または太海駅からバス／富津館山道路・鋸南富山 IC より

駐車場：貯水池そばに２～３台

山行時間：約２時間

花嫁街道 烏場山《からすばやま》
266m

道中でハイカーを見守る"花嫁と花婿"は道祖神のよう

その昔、花嫁が嫁いだ古道を今はハイカーが楽しげに歩く。太平洋を眺めながら尾根道を辿って烏場山をめざし、山頂で縁結びを願い、花婿コースを下って美滝をめざそう。

和田浦駅でマップを入手しよう。駅から登山口の分岐まで徒歩約40分。花嫁街道は左へ、花婿コースは右へ

第二展望台から和田浦の眺め。海から一気に緑濃い山がせり上がる

山と海の男女を結ぶ「花嫁街道」から

花嫁街道は、かつて山間《やまあい》の上三原地区に暮らす女性たちが、外房の漁村に嫁入りするときに歩いたことに由来する。同時に、この道は山と海の生活・文化を繋ぐ「塩の道」でもあった。山村は暮らしに不可欠な塩を求め、漁村は燃料や材木、薬草など山の恵みを求めた。日本各地にそんな古道の面影がいくつも残るが、この街道も土地の文化が刻まれている。

ここでは、やや長めの周回コースが楽しめる。和田浦駅から「花嫁街道入口」に取り付き、第一～第二～第三の展望台を時計回りに辿って最高点の烏場山《からすばやま》をめざす。下山は「花婿コース」を取り、見晴台～金比羅山～黒滝を経て花嫁街道入口へ戻ってくる。つまり「花嫁街道」で登り、「花婿コース」で下るわけだ。逆回りだと「花婿コース」はちょっときつい〝男坂〟になるが、登りと下りを変える周回道はそれぞれ別の風景が楽しめていい。

花嫁街道は登り始めこそやや急だが、全体的になだらかな道が続き、途中、見どころも多く飽きさせない。樹林帯の前半は常緑広葉樹が密生し、第一展望台まではあまり視界が利かないが、街道の中ほどの第二展望台まで登れば、木の根の這う天然テラスから太平洋を見渡せる。かつて花嫁たちも、不安と期待を胸にここで和田浦の浜を見つめたことだろう。

中央の伊予ヶ岳の上に冠雪の富士。
左の尖ったピークは御殿山

第二展望台の先には、マテバシイ（馬刀葉椎・ブナ科の常緑樹）がうねるように林立し、すり鉢状の斜面に不思議な天然林をつくっている。

先人の営みを残すものとして、かつて梵字《ぼんじ》が刻まれていた「経文《きょうもん》石」や、山中の隠し水源「じがい水（自我井水、自害水とも書く）」などの跡も見られる。さらに街道を登って「駒返し」、「見晴《みはらし》台」を経て第三展望台に辿り着く。

ここから眺める麓の集落は箱庭のようだ。西方には伊予ヶ岳や御殿山など南房総の山並みが重なり、その上に富士の高嶺が浮いている。この日本一の低山王国と日本一の高峰の共演をカメラに収めようと写真家たちも登ってくる。

その昔、お経が彫られていた「経文石」

「駒返し」を通過する

マテバシイの林

「見晴台」から海を眺めてオヤツタイム？

烏場山の山頂で、「おふくさん」がひざまずいて
お出迎え。ナイスなキャスティングだ！

「おふくさん」に挨拶して黒滝へ下る

里の様子もよく見える第三展望台から、烏場山《からすばやま》の頂までは３００ｍほどの距離だ。山頂では花嫁衣装の「おふくさん」がにこやかに出迎えてくれる。ここが周回コースの折り返し地点となり、いわば「花嫁街道」と「花婿コース」の結び目である。縁結びを取り持つ和風キューピッドは、良縁を願うハイカーの評判もいい。烏場山は標高２６６ｍの低山ながら、太平洋の海原と伊豆大島、富士山までぐるりと見渡せる。「新日本百名山」に選ばれたのも頷ける。

頂でひと息つきながら、ここを歩いた花嫁行列を想像してみる。明るいうちに海辺の村に着くには花嫁衣装は控え、服装や履物は山仕様ではなかったか。華やかな嫁入り衣装は叶《かな》わなくとも、山を抜けて大きな海を目にした時、花嫁たちは大きな夢を抱いたことだろう。

花嫁街道の道中から眺める谷は山が濃い（駒返し付近）

花婿コースの見晴台

旧烏場山展望台から太平洋

さて、烏場山からの下山は「花婿コース」というだけあり、やや傾斜が大きい道のりとなる。それだけに見晴らしのよいスポットに恵まれており、爽快な気分で下山できる。

旧烏場山展望台を経て、見晴台、金毘羅山へと下り続けた道の先に、最後の見どころ「黒滝」が待っている。長者川《ちょうじゃがわ》が山の清水を集めた落差15mの一本滝で、流れ落ちる水に削られた屏風のような岩もみごとだ。滝をのぞき込みながら石の階段を下りると、滝壺の前に出る。吹き降ろす沢の風が心地いい。

黒滝の傍らには『忠臣蔵』にちなむ史跡「向西坊《こうさいぼう》入定窟」がある。赤穂《あこう》浪士と家臣にまつわる江戸元禄期の逸話がこんなところに残されているのだ。

さらに長者川を伝って「はなその広場」を過ぎると、見覚えのある花嫁街道の入口が現れる。

長い山旅を終えて和田浦駅に辿り着くと、巨大な蘇鉄《そてつ》が迎えてくれる。その花言葉は「雄々《おお》しい」。

嫁の道も婿の道も踏破し、浜辺に辿り着いた達成感。つい海に向かって雄々しく叫びたくなるのは、ハイカーたちも山の花嫁も、きっと同じ気持ちだろう。

水の音に誘われて下ると、深山幽谷の気配に包まれる

岩を削って落下する黒滝。岩壁に囲まれた孤高の美

黒滝を後に渓谷をゆくと「はなその広場」はすぐ

「向西坊入定窟」。赤穂浪士・片岡源五右衛門の家臣・元助は、吉良邸討ち入りを果たした浪士の菩提を弔った後、出家して向西坊と名乗り、この岩窟にこもり最期を迎えた。

和田浦駅は大きな蘇鉄が目印

▲コースガイド

アクセス：JR 内房線・和田浦駅から徒歩
駐車場：花嫁街道入口に２〜３台、はなその広場に数台
山行時間：約５時間

城峯山《じょうみねさん》

1038m

展望塔から見下ろす城峯神社。正面にはギザギザの頂をもつ二子山

東西それぞれの登山道は明瞭だが、林道との合流地点は注意が必要

山奥へとのびる木製の橋から登山開始

大山神社は平将門が祀られているという説も

東京周辺の山を歩いていると、しばしば平将門《たいらのまさかど》の伝説に遭遇する。たとえば奥多摩の鴨沢から雲取山へのルートには、山梨から秩父をめざす将門の逃避行が案内板に詳しく記されているが、ここ城峯山にも平将門の逸話が残され、山中に観光登山では味わえない気配が漂う。その〝異世界〟を味わいながら、のんびり歩いてみよう。

西門平から山城をめざす

西門平《にしかどだいら》登山口と男衾《おぶすま》登山口がある。関東ふれあいの道でもあり、戦国の世に山城として活躍した鐘掛《かねかけ》城の跡を経るなら、西門平を選ぼう。〝門平〟という字がいい。もしかしたら、平将門の逃避行に因んだ地名なのかもしれない。そんなことを想いながら歩いていると、ほどなく大山神社に着く。日本の山を護る大山祇神《オオヤマツミ》にご挨拶をしたら、いよいよ登山のスタートだ。橋を渡った先は林道と山道がところどころで交わるので、設置された道標をちゃんと確認しながら、焦《あせ》らずに進もう。しっかり踏み固められた杉林の山道を縫って、1003mの鐘掛城跡へと向かう。

武田信玄による上州支配が進むなか、この山城は華々しい活躍をしたそうだ。しかし豊臣秀吉による天下統一の後は、さしたる活用もされることなく、廃城となってしまった。

鬱蒼《うっそう》とした木々が、城跡をアーチで囲うように繋っている。光がこぼれる方へ導かれると、急な階段となり、すぐに石間《いさま》峠に出る。休憩

道標を確かめ、山道と林道の交差時は注意を

西門平の登山口は民家の脇から入る

鐘掛城跡。木々のアーチを抜けて山頂へ

できる東屋《あずまや》とトイレがありがたい。「関東ふれあいの道 将門伝説を探る道」なる案内板には、神流《かんな》湖の東にある登仙橋《とせんきょう》まで約10キロの道のりが記してある。健脚向けだが、静寂の山に浸りたいハイカーには、とくにお薦めのコースだ。

秩父盆地を見渡すパノラマ展望台

戦国期、この山に城が築かれたことから「城峯」と呼ばれるようになり、かつては石間ヶ岳といった。その名称を残す石間峠を過ぎると、1038mの山頂だ。埼玉の山岳地に5つしかない「一等三角点」があり、眺望のよさに期待しながら目の前に建つ立派な展望塔に登れば、その見晴らしを存分に堪能できる。ぐるり360度、見渡すかぎり連なる秩父の山並み……。東から南にかけては秩父の〝おっぱい山〟こと笠山から武甲山《ぶこうざん》の山並み、そして西には二子山や両神山《りょうかみさん》が目を引く。よく晴れていれば、奥秩父や西上州、日光方面の名峰も拝める。昼食を摂りつつ、しばし山岳展望を楽しもう。

石間峠の東屋。山道唯一のトイレがある

目線を下げれば、足元の樹林に埋もれるように、城峯神社が佇んでいる。その昔、日本武尊《ヤマトタケル》が大山祇神《オオヤマツミ》（オオヤマツミとは「大いなる山の神」の意）を祀ったのを起源とし、後世、藤原秀郷《ひでさと》によって討たれた平将門の鎮魂のためにつくられた社《やしろ》だともいう。

ここには桔梗《ききょう》（将門の妻）の悲話も伝わる。藤原秀郷と対立していた最中、自分の妻が敵に通じていると勘違いして切り捨てたのだ。以来、この山に桔梗が咲くことはないという。

城峯神社の境内にはキャンプ場があり、男性用を将門、女性用を桔梗と名付けたトイレがある。ここで下山の準備を整えたら、来た道をそのまま戻るとしよう。

山頂の展望塔

夕暮れの西方に埼玉の奥深い
山並みが幾重にも連なる

城峯神社の前は大きな広場になっている。
「将門」と書かれた額が掛けられ、平将門
の由縁を感じる

城峯神社の裏手にある天狗岩は、
山頂に負けない展望スポット

巻き道（楽な迂回路）の案内もある。
登りと下りは違う道を辿るもよし

城峯神社の狛犬ならぬ“狛オオカミ”。日本武尊に因むことが多く秩父や奥多摩を中心に点在する

植生豊かな低山ならではの登山道。
四季折々の自然の演出に心弾む

日光の名瀑を想わせる「秩父華厳の滝」は秩父八景の一つ

見落とせない！秩父の名瀑

ところで、長瀞《ながとろ》方面から西門平に向かう途中に、秩父八景の一つ「秩父華厳《けごん》の滝」がある。およそ12ｍの絶壁をまっすぐに流れ落ちる様は優美で一見の価値あり。春は桜、夏は深緑、秋は紅葉にライトアップ、そして凍《い》てつく冬の氷瀑も見事だ。

この秩父華厳の滝と上空《かみそら》滝、不動滝を合わせて「日野沢三滝」という。越生《おごせ》には「黒山三滝」もある。この一帯の水の豊かさの証《あか》しだ。滝の上にもまわってみよう。華厳の滝を横目に少し登ると、一度見たら忘れられないお顔の不動明王がむっくり現れる。その和みの表情が、きっと疲れを忘れさせてくれるだろう。

不動明王の背丈は人の倍以上。親しみあるお顔は西郷どんのよう

▲コースガイド

アクセス：西武鉄道・皆野駅からバス

駐車場：西門平の登山口近くに２～３台

山行時間：約２時間半

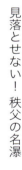

天覧山《てんらんざん》 197m ～ 多峯主山《とうのすやま》 271m

天覧山と多峯主山の間にある美しい谷戸

広い関東平野の西端、埼玉県飯能市には低くても展望抜群の魅力的な山が連なる。街からすぐの天覧山から登り始め、奥の多峯主山、そして南麓を流れる入間川河畔の吾妻峡へと、週末ハイクにはもってこいのコースだ。

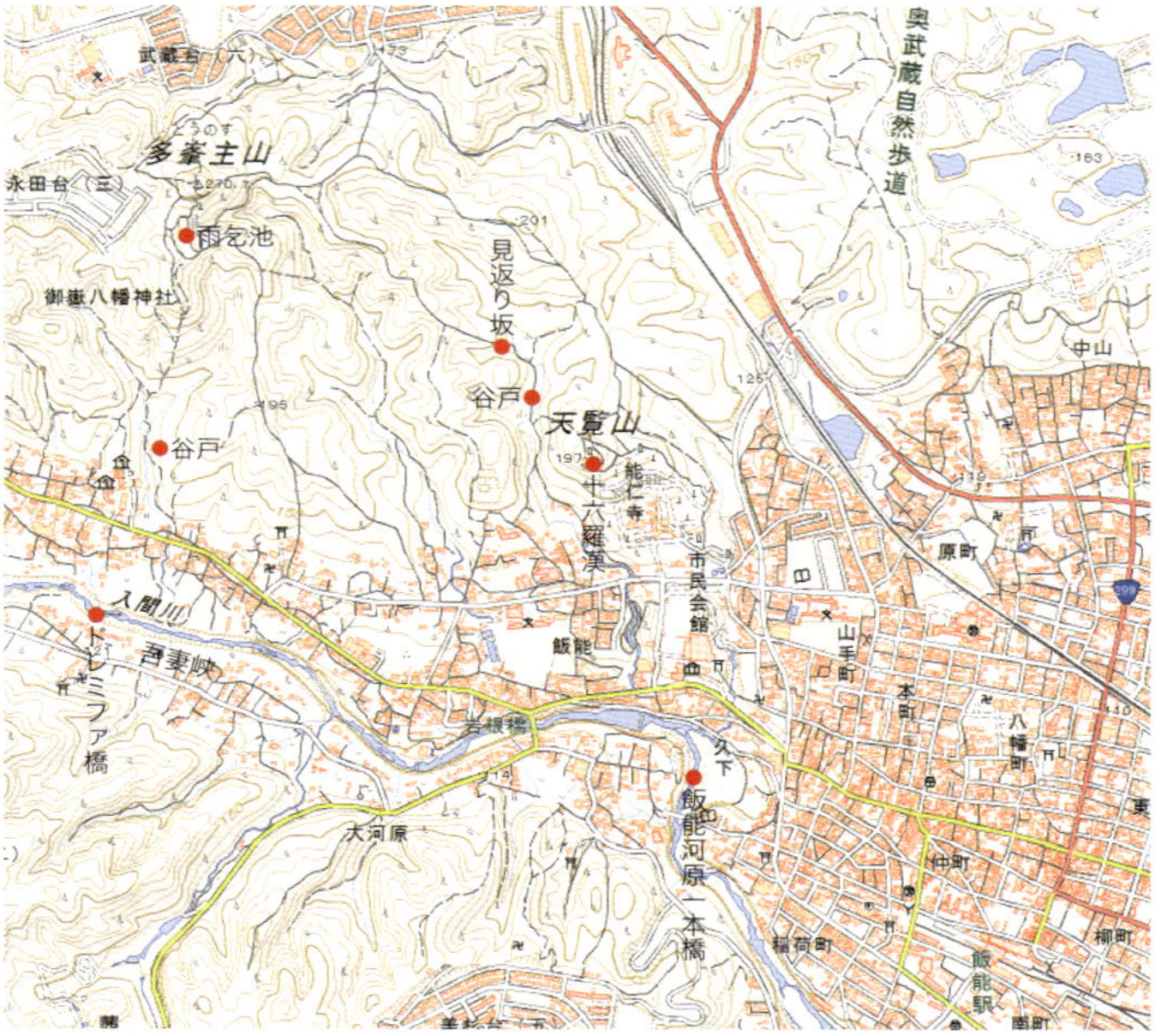

飯能駅から天覧山～多峯主山を経て、ドレミファ橋から吾妻峡を歩く

都心からアクセスのいい奥武蔵山域の玄関口にある天覧山は、地元の子どももよく登る手軽な山で眺めがいい。「天覧」とは天皇がご覧になるという意味だが、まさにここで明治天皇が兵役演習を眺め、絶景を賞賛されたことに由来する。初めは愛宕山《あたごやま》だったが、江戸期から羅漢山《らかんざん》と呼ばれた。当時、五代将軍・徳川綱吉が重い病に罹《かか》り、この山麓にある能仁寺《のうにんじ》の泰基《たいき》和尚が快癒祈願をしたところ、たちまち回復した。それを祝して生母・桂昌院《けいしょういん》が十六羅漢像を寄進したことから羅漢山と呼ばれたが、明治になって天覧山と改称された。

いくつかルートがあるが、この十六羅漢像の前を通るコースがおすすめだ。登り始めてほどなく、ふいに視界が開ける絶景の岩場となり、ちょっとしたアスレティック気分も味わえる。

好天ならば、山頂から南東にスカイツリーも発見できる。天覧山より3倍以上も高い人工物を探してみよう。

斜面に並ぶ十六羅漢像は見ごたえあり

短いがアスレチック感あふれる岩道も

天覧山に向かう途中、飯能の商店街でふと足を止めた。一幅のシャッター絵が目に飛び込んできたからだ。天覧山の麓に描かれたお寺は能仁寺だろう

多峯主山から北東に筑波山

天覧山から東方にスカイツリー

天覧山を下って、日当たりのよい谷戸《やと》に出る。谷戸とは丘陵に挟まれた谷間のことで、水を溜《た》めやすいので農地や集落に適している。地域によって谷津《やつ》とか谷地《やち》とも呼ばれ、とくに東日本に多く見られる。その風景が懐かしく思えるのは、里山の趣を留《とど》めているからだろう。

遠い昔、源義経の母・常盤御前《ときわごぜん》がここを通った折、風光明媚な景観に何度も振り返ったという「見返り坂」を越えて、多峯主山をめざす。

その山頂に立つと、まさに多くの峯を従えた主のようだ。広い山頂は休憩に適し、山岳展望も素晴らしい。まず目に入るのは南西に連なる奥多摩の山々だ。三角ピークの右側をいかり肩の如く聳《そび》やかすのは大岳山《おおだけさん》。江戸や相模の船乗りや旅人が目印にした山だけに覚えやすい勇姿だ。その西隣りには御前山《ごぜんやま》が二等辺三角形のたおやかな稜線を描いている。大岳山、三頭山《みとうさん》と並ぶ「奥多摩三山」の一座だ。南方には丹沢山塊、その奥には富士山が顔を出している。回れ右して振り返れば、関東平野の東端、富士とほぼ同距離（約80キロ）のところに筑波山が横たわっている。つまり、多峯主山は富士山～筑波山の中間にあって、ほぼ一直線に並んでいるのだ。

帰路は、渓谷歩きで癒されたい

山頂下の雨乞池《あまごいのいけ》には雨水を司る龍神・高龗神《たかおかみのかみ》と闇龗神《くらおかみのかみ》が宿る。山中でも干上がることのない池の畔《ほとり》では、かつて雨乞い祭も催されていたとか。その先に、古来名もなき小さな祠を祀った巨岩がある。江戸の世になり琴平宮が、明治になり木曽御嶽神社と武神・八幡神を合祀《ごうし》して御嶽八幡神社となった。

飯能駅に戻る前に、吾妻峡も歩きたい。山好きに人気の漫画『ヤマノススメ』に登場するドレミファ橋を渡り、入間川沿いに駅に向かう道は新緑と紅葉の季節は格別だ。

この岩盤の上に御嶽八幡神社

雨乞池。東屋で雨宿りでき、近くにトイレも

多峯主山から勇ましい大岳山と、
右にやさしい山容の御前山

天覧山から多峯主山へ

吾妻峡の河原は四季それぞれの趣きが

吾妻峡のドレミファ橋。雨後は増水に注意

木材の産出地として栄えた飯能は、火事に悩む江戸の建材を支える重要な町だった。その木材は西方の川から運ばれたので「西川材」と呼ばれ、入間川はその運河でもあった。

ちなみに、飯能の由来は、榛の木《ハンノキ》が茂る野だったという説や、判乃《はんの》氏が治めた土地だという説もあるが、ぼくが注目したのは県立飯能高校だ。校章には榛《ハン》の葉に包まれて天覧山と入間川（名栗川）が描かれ、さらに校歌には多峯主の文字も見られる。商店街のシャッター絵も目を惹いたが、街の象徴として山が愛されているのが、つい嬉しくなる。

▲コースガイド
アクセス：西部池袋線・飯能駅から徒歩
駐車場：飯能駅周辺に駐めてピストン
山行時間：約４時間

八王子城山《はちおうじしろやま》

460m

小田原の後北条氏《ごほうじょう》が築いたこの城は、全国屈指の山城で、「日本百名城」にも選ばれている。標高460mの深沢山《ふかざわやま》をまるごと活かした城郭は、山道をぐるりと周回するだけで3時間もかかり、一帯を「八王子城山」と呼ぶのも頷ける。

管理棟から富士見台までは起伏ある道。熊笹山から分岐を沢道へ下り御主殿へ

山道を登るとまもなく現れる遺構「馬蹄段」。
戦国武士が駆け登った石段が今も残る

城主の不在時に落城した幻の山城

八王子城の築城が始まった天正十年（１５８２年）という年号は、戦国好きなら心に刻まれているだろう。甲斐の名門・武田が滅び、その武田家を滅亡に追いやった織田信長が本能寺に倒れ、安土城が焼失した年だからだ。風雲急を告げるその頃、関東では後北条氏が迫る戦《いくさ》に備えて領内の軍備強化を図っていた。

深沢山の地形を巧みに活かした山城作りに着手した北条氏照《うじてる》は、滝山城（現在の八王子市丹木《たんぎ》町）から居を移し、豊臣秀吉の侵攻に備えた。しかし、秀吉が小田原征伐にかかると、南下してきた加賀の前田利家と越後の上杉景勝の手により、八王子城は完成を見ることもなく陥落する。それは城主・氏照が小田原城に出向していた時のことだった。

未完に終ったこの山城のスケールは周回してみるとわかる。城下町の根小屋《ねごや》地区、氏照の館があった居館地区、そして戦の拠点となる要害地区の三区域から成り、その奥には標高５５６ｍの「富士見台」がある。深沢山の山頂である本丸より１００ｍも高いこの展望台を越えると小仏《こぼとけ》山城、氏照の重臣・横地景信《かげのぶ》にちなむ景信山へと続いている。

登山口にあたる「八王子城跡ガイダンス施設」から登り始め、八王子城跡自然公園の鳥居をくぐると本格的な山道に入る。ほどなく現れる石の階段が戦国遺構「馬蹄段《ばていだん》」だ。これを登りつめると、城の下の防御区域・金子曲輪《くるわ》に至る。さらに尾根道を辿《たど》って登れば。本丸を防御する松木曲輪、小宮曲輪へと辿《たど》り着く。

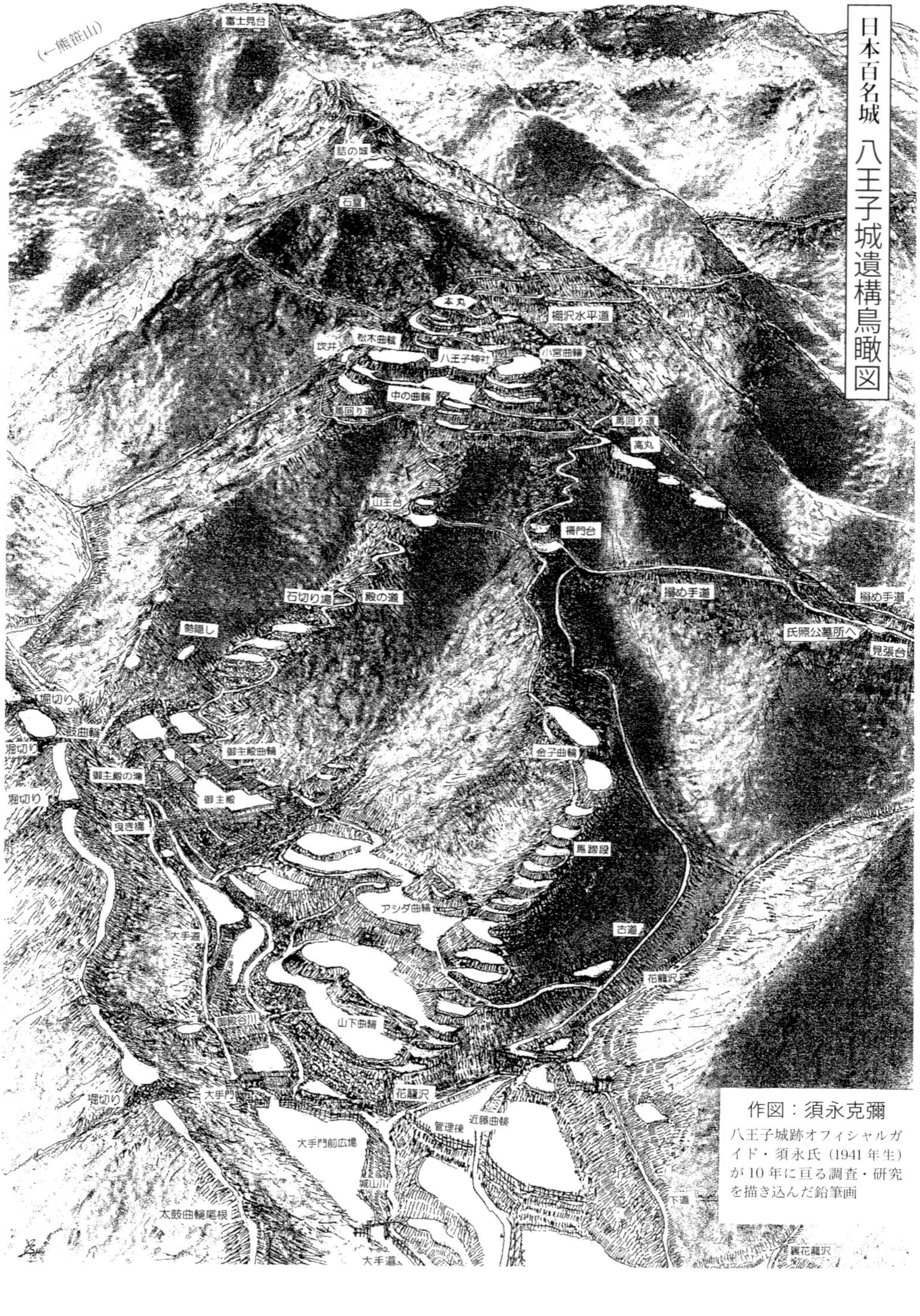
日本百名城　八王子城遺構鳥瞰図
（←熊笹山）
富士見台
詰の城
石垣
本丸
棚沢水平道
坎井
松木曲輪
八王子神社
小宮曲輪
中の曲輪
馬回り道
馬回り道
高丸
山王台
構門台
石切り場
殿の道
搦め手道
搦め手道
氏照公墓所へ
見張台
勢隠し
堀切り
太鼓曲輪
堀切り
御主殿曲輪
金子曲輪
御主殿の滝
堀切り
御主殿
曳き橋
馬蹄段
アシダ曲輪
古道
大手道
花籠沢
御殿谷川
山下曲輪
堀切り
大手門
花籠沢
近藤曲輪
管理棟
大手門前広場
城山川
下道
太鼓曲輪尾根
大手道
裏花籠沢
作図：須永克彌
八王子城跡オフィシャルガイド・須永氏（1941年生）が10年に亘る調査・研究を描き込んだ鉛筆画

八王子城本丸跡は深沢山の山頂（460m）

松木曲輪から高尾山方面の眺め

「曲輪《くるわ》」とは城の攻撃・防御機能をもつ要所で、土塁や石垣・堀などで仕切られ、兵が駐屯する場でもある。とりわけ松木曲輪は本丸のすぐ下を守備する重要拠点であり、ここで奮戦した中山勘解由《かげゆ》家徳《いえのり》の武勇を惜しみ、敵将・前田利家が助命を提案したという。その後、徳川家康に遺児がとりたてられ、水戸徳川家を支える家老にまで昇りつめた。

ここは八王子市街地の展望がよく、向かいには高尾山も見える。戦国の世に思いを馳せながらひと息つこう。

山城探訪の周回登山

城名の由来となった「八王子神社」は、916年に京都から訪れた妙行に故事がある。修行中の妙行が、目の前に現れた素戔嗚命《スサノオノミコト》とその八柱の御子神を、深沢山を天王峰、周辺の八つの峰を八王峰と見立てて祀った。これを八王子権現といい、氏照によって城の守護神ともされて「八王子城」と名が付いた。現在の八王子市の名称由来でもある。

神社の上が深沢山の山頂で、ここに本丸の跡がある。八王子城が深沢山とその周辺をすっぽり覆っているため、この山塊を八王子城山と呼ぶ。未完成で落城してもなお「日本百名城」に選ばれたのは、ダイナミックな山城設計の妙にほかなるまい。本丸跡は樹木に囲まれ、とりわけ新緑と紅葉の季節は美しい。

八王子神社は“八王子市”の名称の起源でもある。境内には天狗も

詰の城の裏にもみごとな堀切（山城特有の空堀）

詰の城には「史跡 八王子城天守閣跡」とある

本丸を後にし、さらに登り詰めたところに「詰《つめ》の城《しろ》」跡がある。落城が決定的になった時に本丸から退き、切腹する場だったという。「詰の城」は、敵の攻撃を表で防ぐ「出城」に対し、奥まったところに根を張る「根城」ともいう。石標には「天守閣」の字が見えるが、そのような建築物があった形跡はなく、周辺には大規模な石塁が築かれている。裏手には深さ10m以上もの堀切《ほりきり》があり、敵の侵入を防ぐみごとな尾根断ちには感心させられる。

堀切を越えると「富士見台」だ。富士に挨拶してひと休みしたら、下りはクマザサが茂る熊笹山《くまざさやま》（５３０ｍ）から氏照の御主殿《ごしゅでん》跡を訪ねてガイダンス施設へと向かう。その途中、谷に折れ返す細道が左に現れる。やや荒れた道だが、注意しながら沢伝いに歩けば「御主殿の滝」に出る。小さいながらも二段構えで、夏場は水量が多い。落城時にはここで北条の兵や婦女子が自刃《じじん》した悲話も伝わる。

周回コースのクライマックスは氏照の居館「御主殿跡」だ。１９９０年、落城四百年を節目に調査・整備が始まり、今では状態のいい遺構を見学できる。東京にこんなに大きな中世の山城が残り、しかも山歩きしながら歴史に触れることができるのは嬉しい。歩き応えもあるので、しっかり山の装備をして城山見学を楽しもう。

御主殿の滝。水の少ない冬場は滝壺に近づける

“クマザサ”に覆われた熊笹山

北条氏照の居館「御主殿跡」は深沢山頂（本丸）の山麓にある。管理棟の左手からも直接行ける

御主殿の礎石が何かを物語っているようだ。
巨大な城跡も御主殿跡も、“兵（つわもの）どもが夢の跡”である

▲コースガイド
アクセス：JR 中央線・高尾駅よりバス
／圏央道・八王子西 IC
駐車場：八王子城跡ガイダンス施設隣り（時間注意）
山行時間：約３時間

津《つ》久《く》井《い》城《しろ》山《やま》

375m

湖畔に坐る優美な城山。太井の町並み
と三井大橋、その向こうに西丹沢の山

八王子城山の南方わずか7キロ、県境を越えた神奈川県の相模原にもう一つ城山がある。戦国時代に築かれた築井城址は「かながわの景勝50選」に指定された。湖畔から城山の頂へ、歴史トリップの軽い山旅が楽しめる。

観光センターのバス停前から、
北麓の登山口は“桜の小道”
を辿っていく

桜の小道から最初
の分岐を左へ登る

数年ぶりに登山を再開した友人を、湖畔散策と城山ハイクを兼ねたリハビリに誘ったことがある。気楽に自然に浸かり、鈍《なま》った体を山フレーバーで味付けするにはもってこいの山行だ。山道もよく整備されて、ファミリー登山にもお勧め！

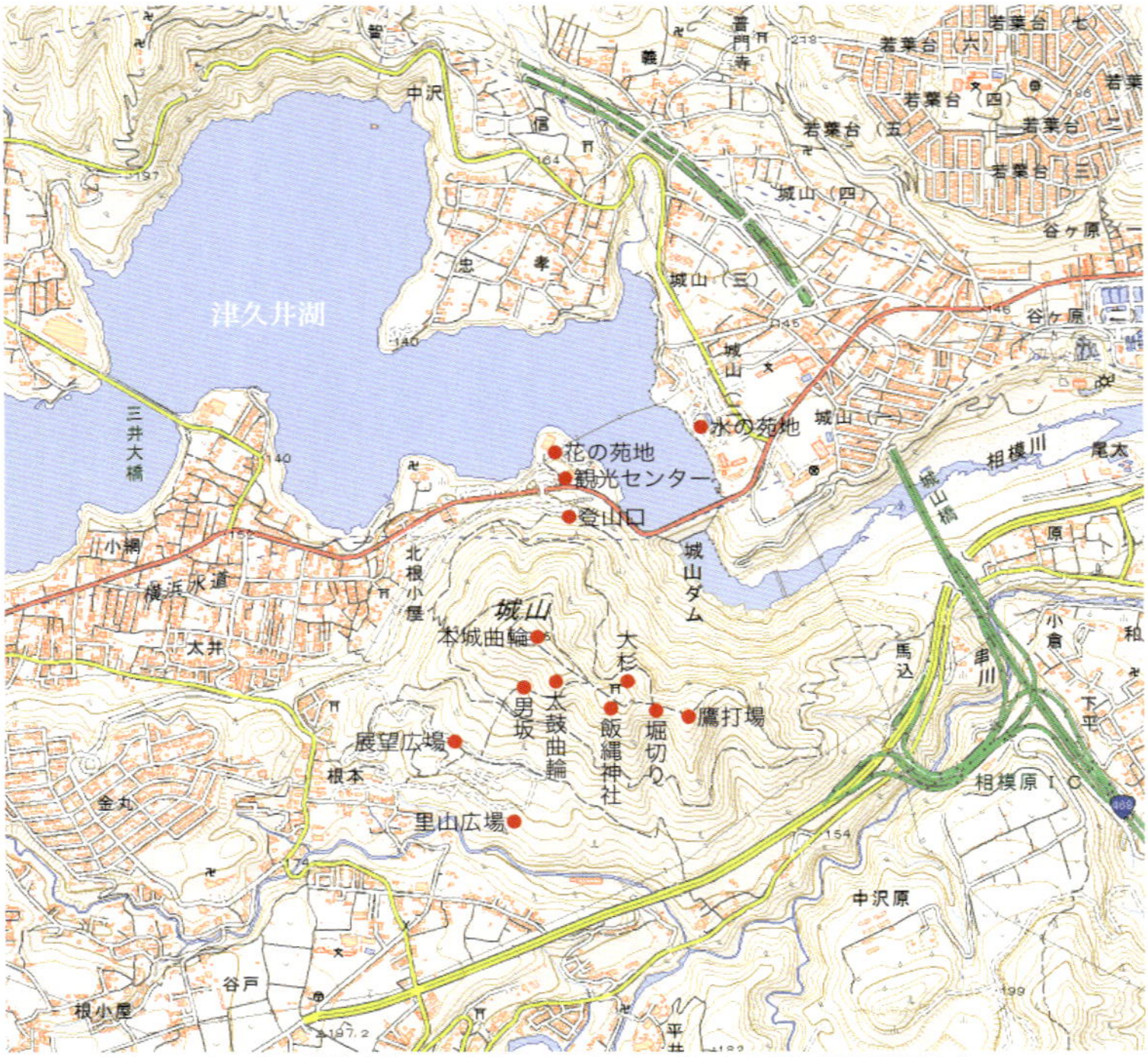

観光センター前の道路を渡る。山中のルートはいずれも山頂に通じ道標も多い

高尾山の南稜は玄人《くろうと》好みのルートで歩き応えのある山旅が楽しめるが、さらにその南方に小さな三角形の「津久井城山」がよく見える。

滝山城や八王子城などと同じく、戦国期にこの一帯を支配した後北条氏が入城した。関東には城山という名の山が多く、ほとんどが鎌倉～室町時代に築かれた。山上の曲輪《くるわ》では大人数が生活できないので、城主や家臣たちは山麓に居館を建てて暮らしていた。これを「根小屋《ねこや》式」というが、ここ相模原の城山の麓にはその地名が残り、八王子城山の城下町にあたる区域も根小屋といった。

相模川上流で四季折々の癒し登山

神奈川県一の大河・相模川を遡れば、津久井湖～相模湖に端を発する。その津久井湖畔にピラミッドのように佇む城山は、四季を通して週末ハイカーで賑わう。しかし平日に訪れると、地元の人たちの憩いの場であることがよくわかる。愛犬と散歩をする人や、部活帰りに語らう高校生たち、散歩や体力作りに励む人もいれば、絵画や読書を楽しむ人などが散見できる。さまざまな暮らしぶりが垣間見えるのがこの山の普段の風景なのだろう。

北麓には湖畔の公園「花の苑地《えんち》」と「水の苑地」、東には「鷹打場《たかうちば》展望台」、南から西にかけては「里山広場」と「展望広場」があり、山の四方から登れる。

交通の便がいいのは「観光センター」からで、そのバス停から山頂までは小一時間で辿り着く。「桜の小道」から登り始め、よく踏まれた細道をゆく。クサリ付きの岩道を越えると「堀切《ほりきり》」が現れる。敵の侵入を防ぐために尾根道を掘って断ち切ったもので、戦国の山城にはよく見られる防御策だ。

山城の特徴である「堀切」の跡が残る尾根道

観光センターからの登山ルートは
クサリ付きの岩道も楽しめる

鷹打場展望台から相模原の街と眼下に相模川

堀切の先には「鷹打場《たかうちば》」の展望台があり、相模原の街と東京都心部の見晴らしが開けている。

堀切に戻り、その上に構える飯縄《いいづな》神社で手を合わせて行こう。

「飯縄」とは、烏天狗《からすてんぐ》の姿をした北信・飯縄山の権現のことで、勝利の武神として名だたる戦国大名から尊崇された。ここ相模原一帯に睨《にら》みをきかせていた北条氏照も、飯縄権現を祀る高尾山を敬い、土地の寄進などをしたと伝わる。社の裏には平成25年の落雷で焼失してなお、この山の象徴として親しまれる御神木の大スギがある。

ここから飯縄曲輪《くるわ》、太鼓曲輪、本城曲輪と続き、城山の山頂となる。広々とした本城曲輪にはベンチとテーブルが設けられ、ここから丹沢方面がよく見える。

男坂から下山すると展望広場・里山広場からデッキを歩いて西麓の根小屋地区に下りることもできるし、時計回りに湖畔展望園路を辿って観光センターに戻ることも可能だ。

山の西側には「津久井城根小屋攻略」なる解説ボードが1番から10番まで設置されているので、それらを探しながら城山の歴史を学んで歩くもの楽しい。

落雷による焼け跡が残る御神木の大スギ

曲輪の中に鎮座する戦の神・飯縄神社

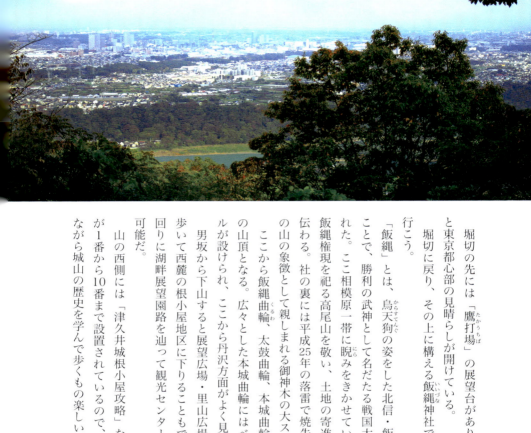

秋色に染まって浮き上がる城山

山頂から見下ろす津久井湖

本城曲輪の入口。看板の奥が山頂だ

津久井湖は1965年に完成した城山ダムによって生まれた人造湖だ。よって戦国時代には湖はなく、城の下を相模川が流れ、天然の堀となり、根小屋に暮らす人々の水路として重要なライフラインだった。

　現在に至っては、津久井湖を含めたレジャーエリアとして、ぼくらハイカーもたっぷり楽しめる憩いの山となっている。

本城曲輪の手前の大きな分岐。飯縄曲輪、本城曲輪、北側を巻く女坂、南側を下る男坂に分かれる

▲コースガイド

アクセス：JR 横浜線・橋本駅よりバス／圏央道・相模原 IC

駐車場：津久井城山公園

山行時間：約２時間

鐘《かね》ケ《が》嶽《たけ》

561m

“山の神”と親しまれる鐘ヶ嶽。釣鐘型をしているのも山名由来の一つ

相模大山に寄りそうように、浅間山《せんげんやま》とも山の神とも呼ばれた小さな信仰の山がある。戦国期には眼下の七沢《ななさわ》城に合図を送る見張りの山だったようで、そのために山上へ担ぎ上げられたのが〝鐘〟であった。

左から大山～三峰山～鐘ヶ岳の山嶺
（伊勢原市運動公園より）

ハイカーに大人気の大山から、二つの温泉地へ下山する道がある。一つは日向《ひなた》薬師《やくし》から七沢《ななさわ》温泉へと、よく歩かれている道だ。もう一つは唐沢峠・不動尻を経て広沢寺《こうたくじ》温泉をめざす長めのコースで、大山の稜線をよく知る人が選ぶコース。いずれもアルカリ度の高いヌルヌルの湯が自慢で、ハイカーに限らずファンが多い温泉である。

鐘ヶ嶽は、この広沢寺温泉をその麓に抱える山だ。軽めの山歩きを〝美人の湯〟で締めくくる、贅沢な週末日帰りハイクが楽しめる。

大山に隠れたもう一つの信仰の道

この一帯は七沢山と呼ばれた広大な丘陵地帯で、その地形を利用した山城が七沢城だった。戦国期、関東管領だった上杉憲忠がここに籠《こも》ったことがその始まりらしい。

現在は医療施設が建っているため中心部の遺構を見ることはできないが、物見《ものみ》だったといわれる見城山《みじょうさん》を含め、広大な山稜を城の機能として利用していたことが想像できる。その一帯を見下ろすように聳える釣鐘《つりがね》型の山が鐘ヶ嶽だ。

「せんげん道」を辿り、七沢浅間神社から入山。道はよく踏まれて明瞭だ

道標は細かく設置され迷うことはない

鐘ヶ嶽バス停のある「せんげん道」は信仰の道

鐘ヶ嶽のバス停から「せんげん道」を歩く。その先から七沢浅間《せんげん》神社の参道となり、階段を登って山に入る。ここから山頂まで28の区間に石仏が置かれている。

山中に人は少ないが、1丁目から28丁目まで見守られていると思うと心強い。夏場に山ヒルが出るのは丹沢山域の常識だ。共用の忌避剤が置いてあるが、冬期以外は自分で用意していくのが安心だろう。

尾根道と切通しを越えて

獣害対策の電気柵を開けて樹林帯を進む。静かな山道だが、幾度となく現れる尾根道や切通しが素晴らしい。「小御岳石尊《こみたけせきそん》大権現」なる石碑のあたりで南に大きく展望が開け、厚木方面の市街地や背後には大山が近い。富士山より先に出現した火山を〝小御嶽《こみたけ》〟と呼び、富士山の北麓五合目の小御嶽神社には磐長姫命《いわながひめのみこと》を祀って鎮《しず》めているが、ここも同じ思いを込めているのだろう。隣の大山には、磐長姫命の父である大山祇神《オオヤマツミ》がいる。石尊という信仰も、その起源は大山の山頂にあった磐座《いわくら》から始まった。地元の人もそうしたことを知ったうえで、この山を〝神の山〟と呼んでいたに違いない。

ここからやや急な登りになるが、山頂まではそう遠くない。

山道はよく踏まれ歩きやすく、石仏が28丁目まで案内してくれる

きれいな尾根道が延びて吹き渡る風が心地いい

大きな岩に掘られた階段を登ると石仏が

ほどなく現れる長い石段を登りきると七沢浅間神社だ。こちらには磐長姫命の妹・木花咲耶姫命《このはなさくやひめのみこと》が祀られている。浅間山とも呼ばれるのは、この社《やしろ》があるためだ。相模川の向こうには都心のビル群も見渡せ、視界がよければ東京スカイツリーも見えるという。眺めを楽しんだら60ｍで山頂だ。鐘ヶ嶽名物の二体の石像が出迎えてくれる。ベンチでひと休みといこう。

七沢浅間神社には長く急な階段が待ち受ける

下山も爽快な尾根道を辿り、やがて大きな分岐に出くわす。道標が幾つかあるが、「山の神隧道0・3㎞」と示された左側の道を下りる。滑りやすいのでロープや手すりを補助にしよう。山の神隧道に着いたらトンネルとは逆方向に向かって林道を下り、舗装路をどんどん下りて行けば広沢寺温泉に至る。そこで〝美人の湯〟が待っている。

この山はバスが便利だが、車なら広沢寺温泉の入口付近にある七沢観光協会駐車場が無料。ただし、案内板には「日没をもって施錠する」とある。夏季は夕方6時らしいが、他の季節は要チェックだ。いい湯だなァとうっとりし、うっかり日が暮れた……なんてことにならないように。ちなみに、広沢寺温泉の宿は「玉翠楼」一軒のみである。

展望のない頂には鐘ヶ嶽のシンボルである二体の石像が

東方には横浜から東京にかけての展望が開ける

大きな分岐で「山の神隧道 0.3km」と示す左ルートへ

気持ちのいい尾根道を下って……

緊急時に自分のポジションを伝える番号

山の神隧道。トンネルを抜けて下山するルートもある

▲コースガイド

アクセス：小田急線・本厚木駅」からバス
駐車場：広沢寺温泉付近の七沢観光協会駐車場
山行時間：約２時間半

八国見山《やくにみやま》319m～頭高山《ずっこうやま》303m

震生湖《しんせいこ》から八国見山を経て、渋沢丘陵西端の頭高山をめざす里山散策。丹沢が長く大きい！

震生湖は日本で一番新しい自然湖

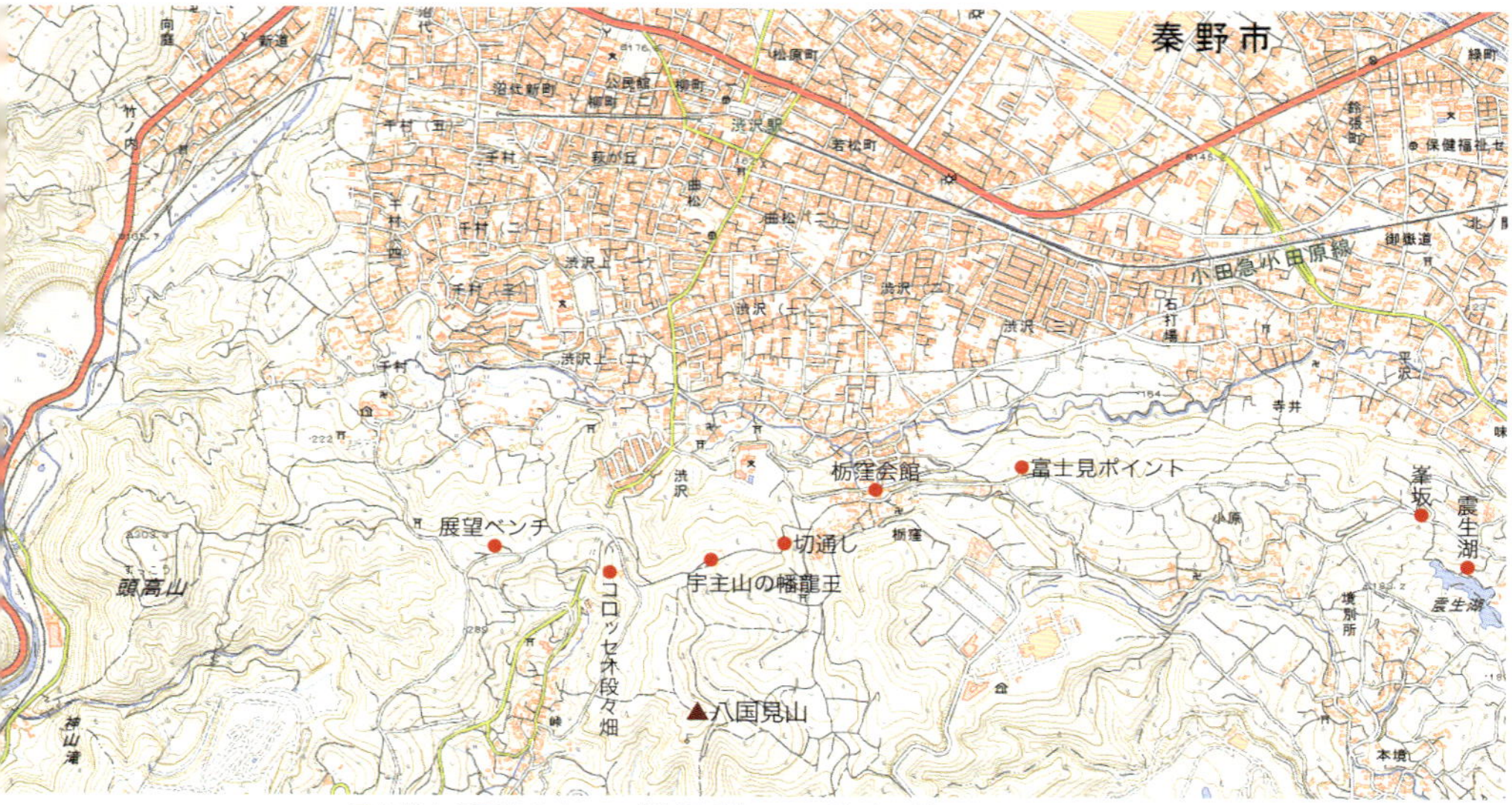

震生湖から頭高山までの「渋沢丘陵」は、随所に道標が立ち分かりやすい

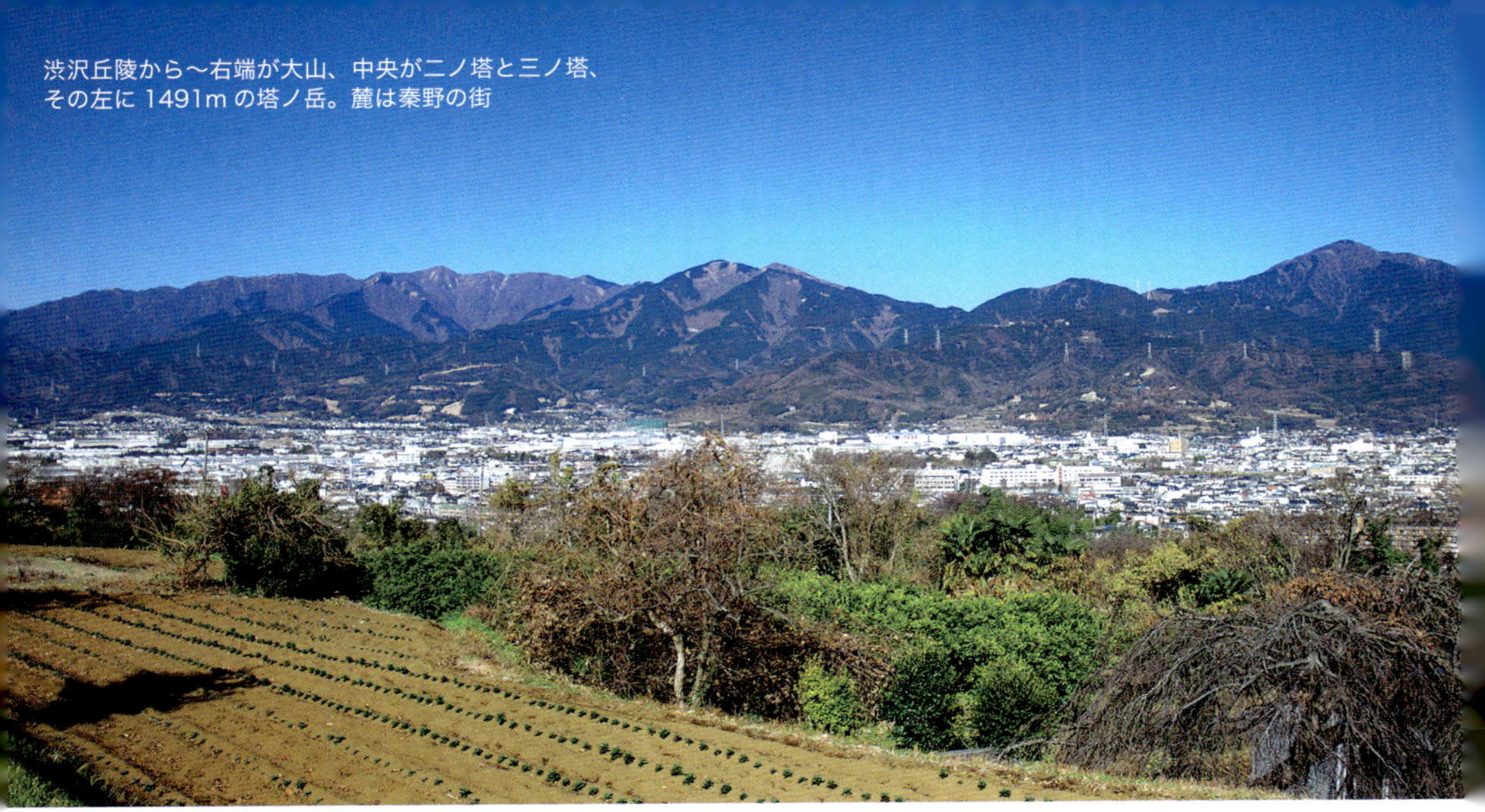

渋沢丘陵から〜右端が大山、中央が二ノ塔と三ノ塔、その左に 1491m の塔ノ岳。麓は秦野の街

関東大震災で生まれた震生湖から

1923年9月1日、関東で大きな揺れが起こった。このとき秦野《はだの》市南部で200mに及ぶ大陥没が起こり、そこを流れる市木沢《いちぎさわ》が堰き止められ、小さな湖ができた。地震で生まれたことから「震生湖」と名付けられた自然湖は、今では野鳥観察やヘラ鮒釣りに熱中する人で賑わっている。

奈良の天河大弁財天《てんかわだいべんざいてん》にまつわるという「秦野福寿弁財天」から湖畔の遊歩道を巡り、摺《す》り鉢《ばち》状の地形から尾根に乗っ越すと、一気に視界が開ける。そこに横たわる長大な表丹沢の景観に圧倒されるが、ここから頭高山まで歩く間、たびたび姿を現す丹沢山脈を眺めるだけでも価値がある。

震生湖公園の北側、峯坂《みねざか》（峰坂）の道標から脇道に入る。この峯坂には、湖の誕生時に犠牲となった二人の少女の供養塔が建立されている。

ここの道標には「頭高山入口5・1キロ」とあるから往復で10キロ強という道のりだが、高低差が小さいので里山散策といった気分だ。

峯坂（峰坂）から枝分かれする脇道に入る

南方の相模灘に浮かぶ伊豆大島

江ノ島のある湘南風景。右は大磯・湘南平

ゆるやかな坂を上がって野菜畑に出ると、大根などの野菜が賑やかに並び、東方を振り返れば江ノ島、南方には伊豆大島が浮かんでいる。風がそよぐ心地よい丘の上を、雑木林の間に丹沢連山を垣間《かいま》見ながら西へ進む。

野菜畑から森を抜けると視界が右前方に開け、丹沢の西方が明らかになる。行く手には富士がちょっぴり頭を出して迎えてくれる。このあたりから栃窪《とちくぼ》の集落となり、しばし舗装路を歩くことになる。栃窪会館にはきれいなトイレがあり、「ハイカーの方もご利用できます」とあるから、ありがたく使わせていただこう。

この先、栃窪神社に分岐するところから切通しのような道に入り、落ち葉に埋まる狭い道を抜けると朱の鳥居が現れる。小さな石祠《ほこら》には「宇主山《うすやま》（薄山）の蟠龍王《ばんりゅうおう》」が祀られており、興味をそそられて調べてみたが詳細は不明。

しかし、この渋沢丘陵そのものが東西に横たわる〝龍の体〟かと想えば、ちょっと面白い。めざす頭高山は、もしかしたら龍の頭なのではないかと妄想する。

野菜畑の農道の先は雑木林という里山

栃窪では、正面に富士が頭をのぞけてお出迎え

最高峰の竹山から桜の名所・頭高山へ

蟠龍王から竹林を抜けて八国見山《やくにみやま》へ。その名の通り、八つの国（駿河、伊豆、相模、甲斐、武蔵、安房《あわ》、上総《かずさ》、下総《しもうさ》）を見渡す小さな山だが、渋沢丘陵ではもっとも標高が高く３１９ｍ。山頂は樹木に囲まれているが、この山一帯を覆う竹のトンネルを抜けていくアプローチは、まるで「かぐや姫」の世界に迷い込んだような雰囲気だ。竹を上手に活用した道標や色とりどりの看板に誘われて気分も華やぐ。

山頂表示にも竹が上手く使われている

手作り感あふれるポップな味わい

八国見山へと誘う竹のトンネル

コロッセオのような段々畑。遠くに伊豆の山と箱根二子山(右)のシルエット

八国見山を下って元の道に戻り、渋沢駅との分岐をそのまま直進すれば、南西に大きく窪んだコロッセオのような地形に出る。段々畑の向こうには箱根二子山《ふたごやま》のシルエット、そして歴史ある街道「矢倉沢往還《やぐらさわおうかん》」を示す道標が次から次に手招きしてくれる。

矢倉沢往還といえば、大山道だ。江戸の赤坂から足柄《あしがら》峠を経て沼津を結ぶ〝東海道の脇往還《わきおうかん》〟で、かつては足柄道《どう》とも呼ばれた。現在の青山通り(国道246号線)は、この矢倉沢往還をそのままなぞっている。大山と富士山の親子霊山を詣でる両詣りで、江戸の頃はたくさんの旅人が歩いた道だ。渋沢丘陵にはそうした古道の趣を残すところがあり、古の旅人と同じ道を踏むことにロマンを感じる。

大きく左にカーブしながら坂道を登ると、畑の向こうにこのコース一番の表丹沢を望む展望地に出る。野菜畑の休耕地に設えられた木製のベンチに腰掛けて、東から大山、三ノ塔《さんのとう》、塔ノ岳《とうのだけ》、鍋割山《なべわりやま》と指差しながら山岳展望を楽しめる。

見どころ満載の里山散策は、過ぎ行く時間をつい忘れてしまう。丘陵の西端、クライマックスの頭高山に着く頃には、お天道さまも西に傾き始めているだろう。

登山口から山道を辿ることおよそ15分、目の前に山頂への二股道を示す道標が現れる。どちら廻りでもよし、丸くて頭ひとつ高い山の頂では秋葉神社と東屋《あずまや》が待っている。春は八重桜に彩られ、冬には落葉した木々の間にうっすら雪化粧した丹沢の嶺が連なる。

冬は 1000m 以上の山肌がしばしば薄化粧

その表丹沢を水源とする四十八瀬川《しじゅうはっせがわ》と中津川が、この頭高山の麓で合流して「川音川《かわとがわ》」となり、蛇行しながら松田町を横切り、酒匂川《さかわがわ》の中流に注ぐ。その水面《みなも》に反射する西日が山頂まで届く……。里の風景と暮らしぶりに触れながら歩くという、低山ならではの楽しみが詰まった山である。

そうそう、頭高山を中心とした地域を千村《ちむら》という。江戸末期から見られる八重桜の景観は神奈川県有数の名所となり、塩漬けに加工された食用は全国の八割近いシェアを誇る特産となっている。祝いの席でもし〝桜湯〟が出されたら、それはここ頭高山の八重桜かもしれない。

山頂直下の道しるべ

渋沢丘陵の西の果て。蛇行する川音川が小田急線と交わり酒匂川へ。上を横切るのは東名高速

▲コースガイド

アクセス：小田急線・秦野駅から徒歩またはバス／東名高速道路・大井松田 IC より
駐車場：震生湖公園
山行時間：約４時間半

鹿野山《かのうざん》に熊野を重ねて

九十九谷展望台より

熊野の奥宮・玉置山《たまきさん》から眺めた山々の重なりぐあいがとても良くて、折にふれ思い出す。同じ高さの山が、波打つ海原のように果てしなく続いている世界……。東京の雲取山や飛騨の低山、東北なら鳥海山から眺める周辺の低山も波のように重なり合い、熊野の山波風景とよく似ている。

実は低山王国・千葉にも、熊野にひけをとらない山波に溺れそうになる場所がある。それが、鹿野山の麓に広がる「九十九谷《くじゅうくたに》」だ。標高３００ｍほどの低さにもかかわらず、山の波が幾重にも折り重なっている。その言葉にできない光景を絵にしたのが、日本画家・東山魁夷《かいい》だ。世に出るきっかけともなった作品『残照』は、まさにこの九十九谷の情景をベースにして、甲州や上越の山景も重ねて描いた名作である。

何年か前、流星群を浴びるため、鹿野山まで深夜ハンドルを握った。日本武尊《ヤマトタケル》や聖徳太子も訪れたという歴史ある山を、この夜ばかりは星空ファンが埋め尽くした。空が白み、世紀の天体ショーが終わると観客は帰路につき、今度はカメラを持った人たちが九十九谷を見下ろす特等席にズラリと並んだ。雲海を撮るのだという。ここは低山地帯ながら朝霧が地を這う名所で、まれに雲海もたなびく場なのだ。それ目当てに写真家たちが続々と集まってくる。

やがて朝陽が昇り、山波をやわらかく照らし、光と影が複雑な山の稜線をあぶり出す。ここは熊野かと、目をこする。この日は残念ながら朝霧も雲海も発生しなかったが、言葉にできない光景に見とれた。

そういえば、東山魁夷が描いたのは、朝陽ではなく落日後の残照だった。いつか、鹿野山から雲海を眺め、夕陽に合わせて九十九谷をめざすのもよさそうだ。

甲信

山梨・長野

富士や南ア、八ヶ岳などの大山塊に囲まれた甲信地域の低山たち。
百名山に負けない絶景の頂から、山岳展望を愉しむ。

羅《ら》漢《かん》寺《じ》山《やま》

1058m

白砂山から眺める猛々しい弥三郎岳

渓谷美で知られる御岳《みたけ》昇仙峡《しょうせんきょう》を見下ろし、堂々とそそり立つ羅漢寺山。山肌には白い奇岩が顔を出し、仙人か龍でも棲んでいるような佇まい。羅漢寺山は昇仙峡に寄り添う山嶺の総称で、その主峰は酒の神が祀られる奇岩の弥三郎《やさぶろう》岳だ。

主峰・弥三郎岳の山頂は岩だらけ

山頂に露出した奇岩が逞《たくま》しい。とりわけ主峰・弥三郎岳のてっぺんは真っ白い巨岩で覆われ、鎧《よろい》をまとった武者のようだ。屏風《びょうぶ》のように連なる南アルプスや、甲府の北を護《まも》る金峰山《きんぷさん》も絶好のアングルで拝める。

登山口は金桜神社（北）、獅子平（西）、長潭橋（南）とあるが、いずれも山中で合流する

弥三郎岳から眺める金峰山。
山頂の「五丈岩」も見える

たとえば、昇仙峡ロープウェイに乗れば、手軽に大展望を目にすることができる。山麓の仙娥《せんが》滝から山上の「パノラマ台」までわずか5分、さらに弥三郎岳の山頂まで15分ほどの山歩きで行けるのだ。

ちなみに、パノラマ台（金剛峰）～展望台（鷲ヶ峰）～弥三郎岳の三峰を称して「羅漢寺山」と呼ぶが、南西に隣接する白砂山《しろすなやま》と白山《しろやま》を含めてもよさそうな山塊だ。山名の由来となった「羅漢寺」は山麓の昇仙峡の畔に建つ曹洞宗の寺。かつては山の中腹にあった真言密教の寺院で、金峰山（御岳）信仰の拠点として栄えた。

有力大名は山伏を従えたものだが、甲府の躑躅《つつじ》ヶ崎館《やかた》に城を構えた武田信玄にとって、すぐ北に位置する羅漢寺山の修験者たちは山越えの合戦に際して頼もしい存在だったろう。

冒険心をくすぐる絶景の〝石舞台〟

登山道は東西南北にある。とくに南の長潭橋《ながとろばし》、西の獅子平《ししだいら》から登るルートは静かな樹林を歩く人気の山道で、そのまま北へ抜ければ金桜《かなざくら》神社（金峰山「五丈岩」の里宮）に至るかつての参詣道でもある。途中、ロープウェイで下ってもよしで、レベルやテーマによって多彩なコースが組めるのも魅力だ。

巨石に刻んだ滑り台のような石段。パノラマ台から弥三郎岳までの道はよく整備されている

弥三郎岳の山頂直下に一段目の巨石

白砂山への途中、転げ落ちないで！と木で支えられたような奇岩が……

では、パノラマ台→展望台のルートを辿り、弥三郎岳をめざそう。

その昔、羅漢寺に、弥三郎という酒造りの名人がいた。お酒の味は評判で、甲斐武田家の勝ち戦《いくさ》の祝い酒までつくっていた。ところが、弥三郎は酒癖が悪く、羅漢寺の住職に酒を禁じられてしまう。禁酒の誓いを立てた弥三郎は、最後の酒を呑み干すと、羅漢寺山のてっぺんから飛び立ち、天狗になったという。その頂《いただき》を弥三郎岳と呼ぶようになり、「弥三郎権現」として祀《まつ》られた。山頂直下の巨石の凹みにも小さな祠《ほこら》が祀ってある。お酒好きなら手を合わせずにいられないだろう。（本尊は山中の近づき難い難所にある）。

その脇に、巨石に刻んだ石段が上へと延びている。これが弥三郎岳への登頂ルートだ。クサリをつかんでステップをよじ登る。その上は、まるで石工がきれいに研磨したかのようで「石舞台」を想わせ、そこに立てば視界がぐっと広がる。振り返ると、雛壇《ひなだん》のように二段目の巨石が横たわっている。ひと息ついたら、この巨石に乗り上げよう。そこが三角点のある弥三郎岳の山頂だ。

四方の素晴らしい眺望を堪能したら、パノラマ台まで引き返し、今度は南へ下り、小さな尾根を白砂山《しろすなやま》へ向かう。30分足らずで辿り着くその山頂は、花崗岩の風化により文字通り白い砂に覆われて砂浜のようだ。先ほどまでいた前方の対岸には、岩の鎧を身に着けた弥三郎岳が誇らしげに横たわっている。

丸い巨石は二段構え。三角点のある奥の巨石が弥三郎岳の山頂

山頂直下の一段目の巨石に祀られる弥三郎権現の祠。右側に刻まれた石段を登る

一段目の巨石から西方の眺め。目の前に白砂山。韮崎市街の右上に鳳凰三山、その奥に南アルプス

弥三郎岳山頂から一段目の巨石を見下ろす

白砂山の白い山頂。正面に弥三郎岳

白山の北方に茅ヶ岳（左）と太刀岡山（右）

巨大な奇岩「太刀の抜き岩」が富士を指している

さらに南西へ歩けば、またもや白い山頂の展望台・白山《しろやま》に至り、ここからの北方の眺めも良し。厳《いか》つい姿の太刀岡山《たちおかやま》の奥には茅ヶ岳が重なっている。そして長潭橋《ながとろばし》ルートと獅子平ルートの合流点の先には「太刀《たち》の抜き岩」なる巨岩が富士を背景に切り立つ。西方には、鳳凰三山・地蔵岳の目印である山頂オベリスクも見て取れる。これほど山岳展望を楽しめる山も珍しい。

こんな素晴らしい低山を、ぼくはたびたび朝駆けして楽しんでいる。夜明け前に長潭橋や獅子平から登り始め、白砂山か弥三郎岳の頂で朝陽を拝むのだ。御来光はまず富士を照らし、甲府盆地に夜明けを告げる。風水によれば、この山には大地の気「龍脈」が富士山から金峰山を経て届くという。ロープウェイの営業前に、無人の頂で自然のパワーを独り占めというわけだ。いつか、あなたもお試しあれ！

▲二つの山頂巨石を遠望

西方……鳳凰三山・地蔵岳の山頂を飾る巨大な尖塔。
白山から望む鳳凰の右端にポツンと尖った岩の塊が

北方……金峰山の山頂に冠する信仰の象徴「五丈岩」（p103 写真参照）

▲コースガイド

アクセス：JR 中央本線・甲府駅からバス／中央自動車道・甲府昭和 IC より
駐車場：昇仙峡ロープウェイ、羅漢寺山登山口（北側登山口付近）
山行時間：約４時間

菊花山《きつかさん》 644m ～ 御前山《ごぜんやま》 720m

菊花山の展望ポイントにて

大月駅の南東に聳える二つの名低山が楽しい。菊花山ではクサリやロープをつかんでのアスレチック登山を。御前山では山頂の“特別天然ベンチ”から眺める富士見登山を……。

ロープとクサリが設けられた急登。
春には山道の山ツツジが美しい

大月駅から菊花山の登山口までは歩いて10分ほどだ。山に取りつくと、すぐに金刀比羅神社の鳥居が現れる。ここから始まる山道はやや険しいので、山行の無事を願ってスタートしよう。

のっけからの急登でひと汗かき、飲料の減りが気になるものの、新緑の候にはあちこちに山ツツジが咲いてハイカーを励ましてくれる。

ロープやクサリ場を黙々と登るうち、しだいに体がいい感じにチューニングされていく。振り返れば、山間《やまあい》を埋める田野倉の町に秀麗富嶽が浮き立ち、低山の新緑と富士の白雪が美しい。風の通る痩せ尾根に出れば、菊花山の頂はもうすぐだ。

その山頂に立てば、甲州アルプスや奥多摩、上野原の山々が素晴らしい。南北に位置して向き合う岩殿山《いわどのさん》は10mほど低いので、同じ目線の高さに山頂広場や巨大な岩壁を確認できる。

次なる頂・御前山は、菊花山からいったん大きく鞍部に下り、樹林に囲まれながら再び登り返す。

大月駅から一般道を歩いて菊花山の登山口へ。九鬼山分岐を経て御前山をめざす

登山口の門「金刀比羅神社」

菊花山の中腹から富士山と田野倉の町並み。富士急大月線の線路も見える

菊花山の北側には巨岩が露出する岩殿山。いつもハイカーで賑わう人気の低山だが、2017年夏の豪雨による土砂崩れで東ルートは入山禁止となっている（2018年現在。岩殿山は前刊『低山トラベル』参照）

菊花山の山頂に立つ道標が
御前山へと誘ってくれる

正面に忍野村・杓子山の波打つ稜線。
その上に富嶽が船のように浮かぶ

御前山は「秀麗富嶽十二景」の候補山

菊花山から御前山までは1時間半～2時間とみておこう。登山道はやや分かりにくい場所もあるから地図は必携だ。

大月市は、その頂きから美しい富士山が眺望できる山を「秀麗富嶽十二景」と認定している。12景とはいえ、山頂としては19座が定められており、周辺の岩殿山や九鬼山もその仲間だ。御前山の山頂にも「秀麗富嶽十二景」の標識が立つが、実はまだ正式には認定されていない〝候補山〟。大月市が催す秀麗富嶽十二景の写真コンテストには名を連ねるが、選定委員会の承認を得たら20座目に仲間入りの予定だ。

その山頂からは鳥瞰《ちょうかん》するような眺めが堪能でき、さらに絶壁にせり出すスリル満点の特等席「御前岩」がある。断崖の上に座るその岩の下には森林が広がり、小沢川に沿って点在する集落も見て取れる。御前岩に腹這いになれば、まさに鳥の視点で眼下の風景を見渡せる。

低山ゆえの山岳展望を満喫したら、ゆっくり下山しよう。途中、厄王山《やくおうざん》と刻まれた巨岩の社（奥の院）に立ち寄りたいので、大月駅方面の道標に従おう。窟屋の社がある地点が、厄王山十合目にあたる。倒れて放置された金属製の鳥居には「薬王尊」とあり、かつて薬として重宝された「蚕」が神格化して崇《あが》められていたようだ。

巨石を背負った小さな社には「厄王山」とある

山頂碑には「秀麗富嶽十二景」と記され、
東方には小沢の集落も見える

スリル満点！ 御前山の頂

山頂で緩《ゆる》んだ気分を引きしめて、やや荒れた道を慎重に下って行く。ツツジに囲まれた九合目付近の鳥居をくぐり、さらに下って、四合目鳥居の先で御前山に別れを告げる。そして沢沿いの林道から甲州街道に出て、大月駅へと向かう。

絶景ハイクとアスレチックな面白さがぎっしり詰まった周回コースである。季節を変えて、また歩きたくなる山だ。

御前山からの下山道は猿橋駅方面と大月駅方面に分岐する

山ツツジに彩られるた九合目付近

▲コースガイド

アクセス：JR 中央本線・大月駅から徒歩
／中央自動車道・大月 IC より
山行時間：約３時間半

日向山《ひなたやま》
1660m

真っ白な花崗岩がむき出しの日向山の山頂。
正面に横たわる八ヶ岳連峰

空に広がる〝山上のビーチ〟に、登頂者はみな歓声を上げて写真を撮る。なにせ正面には八ヶ岳が雄大に聳え、背後には天を突く甲斐駒《かいこま》ヶ岳がでんと構えているのだ。ここは日向《ひなた》の山だけに、ぜひ晴れた日に登りたい。

尾白川渓谷への気分が高まる道

甲斐駒ヶ岳を水源とする尾白川

初めてこの山に登ったとき、樹林帯を抜けて山上に出たとたん、一気に眼前が開けた。いきなり照明を当てられたように眩《まぶ》しくて目をしょぼつかせていると、山頂で歓声があがる。そして、想像を超えるシーンが視界に飛び込んできた。

登る前に、どんな山かは写真で知ってはいたものの、実際に目の当たりにすると、感嘆の声しか出なかった。日向山は標高1660m、低山というにはやや高い。しかし矢立石《やたていし》の登山口は1120mからスタートできて難しい道もない。山頂まで1時間半で到達できるとあって、初心者でも挑戦しやすいコースだ。

日向山とその北西に聳える雨乞岳《あまごい》の麓には日本屈指の名水（日本名水百選）が流れており、山裾にサントリー白州《はくしゅう》蒸留所があるのも頷ける。

とくに日向山の南麓には尾白川の美しいせせらぎが走り、流域にはキャンプ場が数多く設けられている。

矢立石登山口

林道を歩いて矢立石登山口から山道へ。よく踏まれた道で分かりやすい

山頂から南西に甲斐駒ヶ岳（2,967m）の雄姿。こちらより 1,000m 以上高い

渓谷のキャンプ場から、山上のビーチへ

キャンプ&ハイクというスタイルに凝っていたことがある。テント泊した翌朝から登り始めるのだが、これがとても楽しい。この地域なら、白州観光尾白川渓谷キャンプ場がお気に入りだった。焚き火の爆《は》ぜる音と川の流れる音しかない、深山幽谷のなかで一夜を明かすのだ。

このキャンプ場の奥に鎮座する竹宇《ちくう》駒ヶ岳神社は、甲斐駒ヶ岳の行場路「黒戸《くろと》尾根」の登山口となっている。日本三大急登とも呼ばれるこの登山道は標高差２２００ｍもあり、クサリ場や峻険な尾根が連続する東駒ヶ岳信仰の表参道だ。

日向山はそんな黒戸尾根のように険しくはないが、キャンプ場から日向山へ向かう場合は、尾白川渓谷入口↓尾白川林道↓矢立石登山口まで約2時間歩くロングルートとなる。

人気の山とあって道はよく踏まれ、矢立石からの1時間半は樹林を縫って歩く気持ちのよい山道……。

新緑にしても紅葉にしても、季節の色に浸って歩くうち、いつの間にか高度を上げている。周辺の笹が濃くなってきたら、いよいよ山頂も近い。ここまでずっと林の中だったから、山頂に到って突然、風景が一変することに驚くだろう。そこには、絶叫するほどの絶景が待ち受けている。

砂丘から北東に八ヶ岳連峰が延び、南八ツの主峰、赤岳 (2899m) が見事

日向山の最大の特徴は、なんといっても真っ白な花崗岩がつくった〝山上のビーチ〟だ。奇妙な形に風化した花崗岩が印象的で、太陽のもとで眩《まぶ》しく輝くさまは、一見したら忘れがたい。

周囲を巨大な山脈と大きな谷に囲まれているせいか、強い風雨によって花崗岩が削られ、その砂礫によって山頂が覆われている。ゆえに高木がなく、まるでアルプスの稜線のような高山の雰囲気を味わえるのがこの山の魅力だ。

その山頂に立てば、八ヶ岳連峰の南端・編笠山《あみがさやま》から北端の蓼科山《たてしなやま》まで優雅な山嶺をほしいままに望むことができる。山麓には小淵沢や小海線沿線の町々、そして右手前にはサントリー白州蒸留所もよく見える。

砂丘の西側は雁ヶ原《がんがわら》と呼ばれ、甲斐駒ヶ岳の巨大な雄姿が屹立している。この山岳展望のスケールは、「でっけえ！」の一言に尽きる。

さらに八ヶ岳の東方に目を転じれば、甲州の名峰・瑞牆山《みずがきやま》（２２３０ｍ）や金峰山《きんぷさん》（２５９９ｍ）が聳え、ぐるりと数座の「日本百名山」に囲まれている。

山頂が開けているから、ここは絶好の山岳展望ポイントだ。天空のビーチにのんびり腰を下ろし、コーヒーでも飲みながら、名立たる山を一つ一つ指差して過ごしたい。

雁ヶ原の西側の“ビーチ”で休憩するハイカーたちの不思議なシーン

眼下には小淵沢の街。右の八ヶ岳から延びる山稜の奥に“諏訪富士”こと蓼科山 (2531m) も見える

▲コースガイド

アクセス：JR 中央本線・長坂駅からタクシー／中央自動車道・長坂 IC
駐車場：尾白川渓谷入口、矢立石登山口に数台
山行時間：約 5 時間

三方分山《さんぼうぶんさん》

1422m

パノラマ台から富士山麓～
大室山と青木ヶ原の眺め

富士五湖でいちばん小さい精進湖《しょうじこ》だが、湖畔から眺める富士の姿はいちばん大きい。冬季は湖面と樹海から立ち昇る蒸気が大室山のシルエットを浮かび上がらせ、幻想シーンをつくりだす。そんな〝子抱《こだ》き富士〟を愛でつつ変化に富む尾根道を周回する。

精進集落から中道往還に沿って山中に入り、細い沢伝いに急登を登る

冬の早朝、朝霧のなかに富士が大室山を抱いて現れる厳かなとき（他手合浜）

富士五湖それぞれに富士山の眺めがよい低山がある。精進湖では他手合浜《たてごう》から眺める富士が大室山を抱くような〝子抱き富士〟が知られ、湖を取り囲む低山の連なりから、精進湖・青木ヶ原・大室山と富士をセットで眺められる。たんにその景観を求めてパノラマ台に直登するのは勿体《もったい》ない。そこで、奥まった三方分山から尾根伝いにぐるりと巡ってパノラマ台をめざす「尾根周回」で富士見登山を楽しもう。

歴史・地理トリビアが詰まる三方分山

尾根を辿ってスタート地点に戻る尾根周回は、同じ道を往復するピストンより景色が楽しめて面白い。まずは早朝の他手合浜より神秘的な子抱き富士を眺めてから出発し、精進《しょうじ》集落から中道往還《なかみちおうかん》を北へ歩く。

中道往還とは、駿河国と甲斐国を結ぶ古道の一つで、鎌倉時代から戦国時代は軍用道として、江戸の世は経済や生活を支える塩の道として重要な街道だった。

甲斐武田氏と対立した今川氏はこの道を重視し、織田信長は甲州征伐の後この道で帰郷し、徳川家康は駿河と甲州の往来に使ったという。歴史が刻まれたこの街道を辿《たど》り、ところどころ石垣が残るつづら折れの上り坂を、御坂《みさか》山地の「女坂峠」までひたすら登る。

中道往還から女坂峠まで急な山道をゆく

三方分山は美しい三角錐。文字通り三方に分岐する嶺の中心が山頂で、南方が開けて迫力の富士が眼前に

高度を稼いで辿り着いた女坂峠は標高１２１０ｍ、別名を「阿難坂《あなんざか》」というように難所である。こんな山道を駆け抜けて隣国を攻めるのだから、戦国の兵たちの屈強さには驚かされる。

女坂峠から西に進路をとれば、ここから尾根道が始まる。急登を乗り越えて三方分山をめざす途中で、南に富士山が、北に甲州の山々が樹間に現れるのが嬉しい。笹に覆われた山頂は標高１４２２ｍで南に展望が大きく、精進湖はまだ端っこしか見えないが、富士に抱かれた大室山とそれを飲みこむ青木ヶ原は迫力がある。三方分山は、きれいに三方に分かれた尾根筋がその名の由来で、古関、八坂、精進という三つの村の境界でもあった。現在はそれぞれ甲府市、身延町、富士河口湖町となったが、いわゆる三国山と同じ由来である。こんな境界山の名称には物語が秘められている。各地の低山を調べてみるとなかなか面白い。

さらなる大展望が待つパノラマ台

三方分山からは南に進路をとり、精進《しょうじ》峠・根子《ね こ》峠を経てパノラマ台へ向かう。峠とは古来「坂」を意味し、峠が続くということは登りと下りをくり返す。ここからジェットコースターのように起伏の大きな尾根道が続き、歩きにくい岩場や滑りやすいザレ場が増えるが、精進湖がしだいに大きく見えてくる。途中、精進峠北側の展望台が素晴らしいので立ち寄りたい。

悲話が伝わる女坂峠は頭部のない石仏が眠る歴史的な峠

精進峠北側の展望台は、精進湖～大室山～富士山を重ねて眺める絶好のスポット

長い稜線を持つ山には、いくつか峠がある。体力や時間に不安がある時はそんな峠から麓にエスケープできることが多いので、事前に調べておこう。この精進峠や根子峠にも直接、精進湖に下る道がある。

根子峠を過ぎると本栖湖《もとすこ》に分岐する道標が現れ、まもなくパノラマ台に至る。この道標には「千円札の逆さ富士」眺望地と記され、本栖湖畔の中ノ倉峠展望台へ下りることができる。

標高1325mのパノラマ台からの展望は、すこーんと抜けるようで本当に気持ちいい。

富士の裾野に大室山と青木ヶ原、精進湖に御坂山地の山々が目の前だ。富士五湖でいちばんの深さを誇る本栖湖は青々と水を湛え、その湖畔からのびる稜線を辿ると竜ヶ岳がどっしり聳えている。

東方に光って見える湖面は西湖《さいこ》と河口湖だ。北側には瑞牆山《みずがきやま》と金峰山《きんぷさん》への稜線も見えている。精進湖から直登できるところを、わざわざ三方分山を経由してぐるりと周回してきた。そのプランが報われる瞬間だ。

パノラマ台から南東に大室山と青木ヶ原

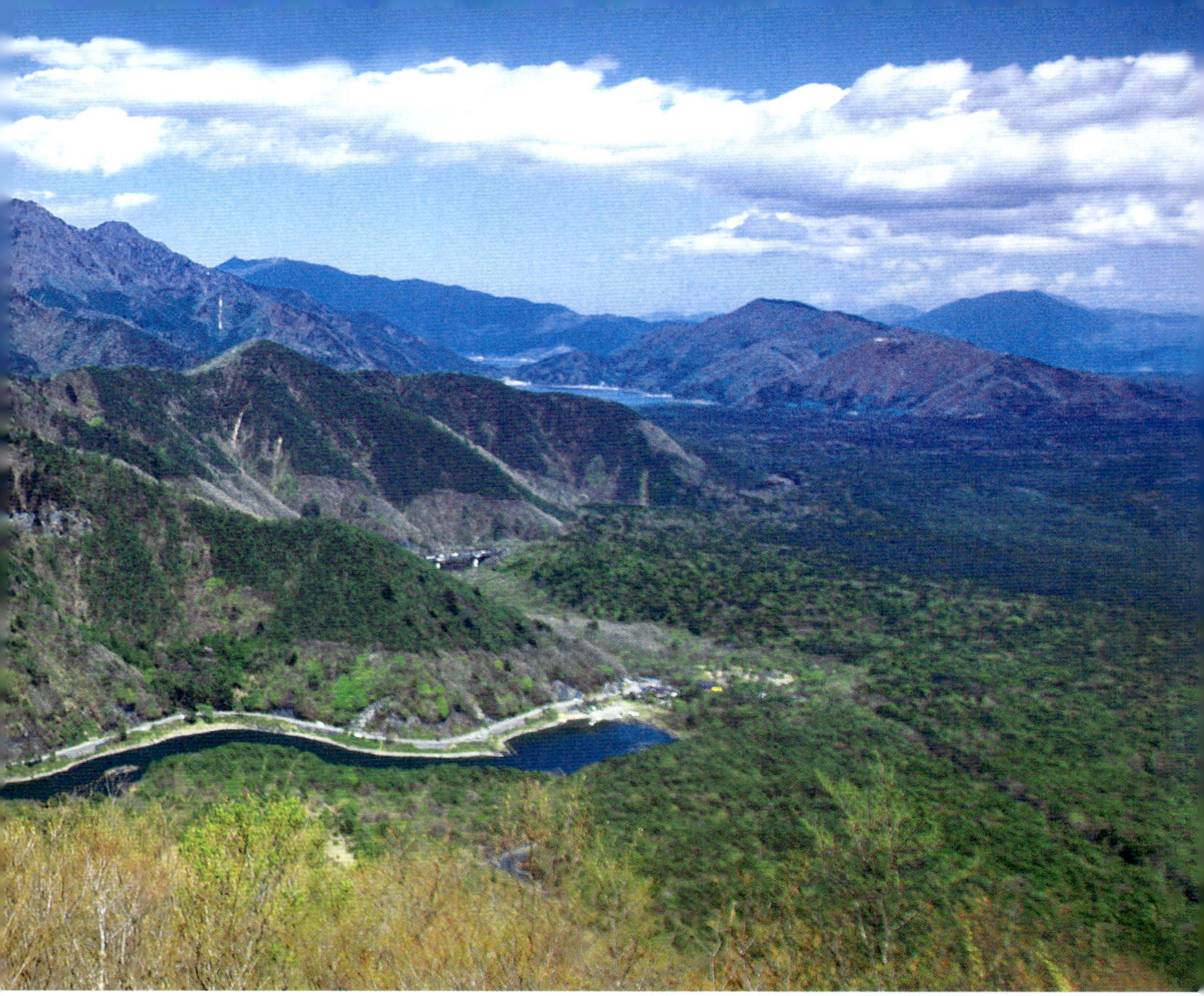

神秘的な西湖、精進湖、本栖湖は、もともと「剗《せ》の海」という一つの海だった。紀元前の富士山噴火によって本栖湖が切り離され、平安時代の貞観《じょうがん》大噴火（８６４年）で溶岩に埋められて残ったのが西湖と精進湖だ。この三湖は同じ水位・水脈らしく、よく似た雰囲気が漂っている。

パノラマ台から南西に本栖湖と竜ヶ岳。右奥に連なる雨ヶ岳〜毛無山

パノラマ台から東方の眺望。精進湖をはさんで王岳、鬼ヶ岳。遠く西湖、河口湖、三ツ峠山……。左下には他手合浜。右手の青木ヶ原に接する南岸には原始の風景が広がる

尾根周回のゴールは、スタートした他手合浜《たてごう》だ。ここから朝陽と朝霧に染まる「子抱き富士」で始めた一日を、西日を浴びる富士山で締めくくる。なんとも情緒ある登山の愉しみが味わえる。

スタート & ゴールの他手合浜。夏にはキャンプ・テントで彩られる

▲コースガイド

アクセス：富士急行線・河口湖駅または富士山駅からバス
／中央自動車道・河口湖 IC より

駐車場：県営精進湖駐車場

山行時間：約５時間

高峯山のなだらかな山稜

高峯山《たかみねやま》

2106m

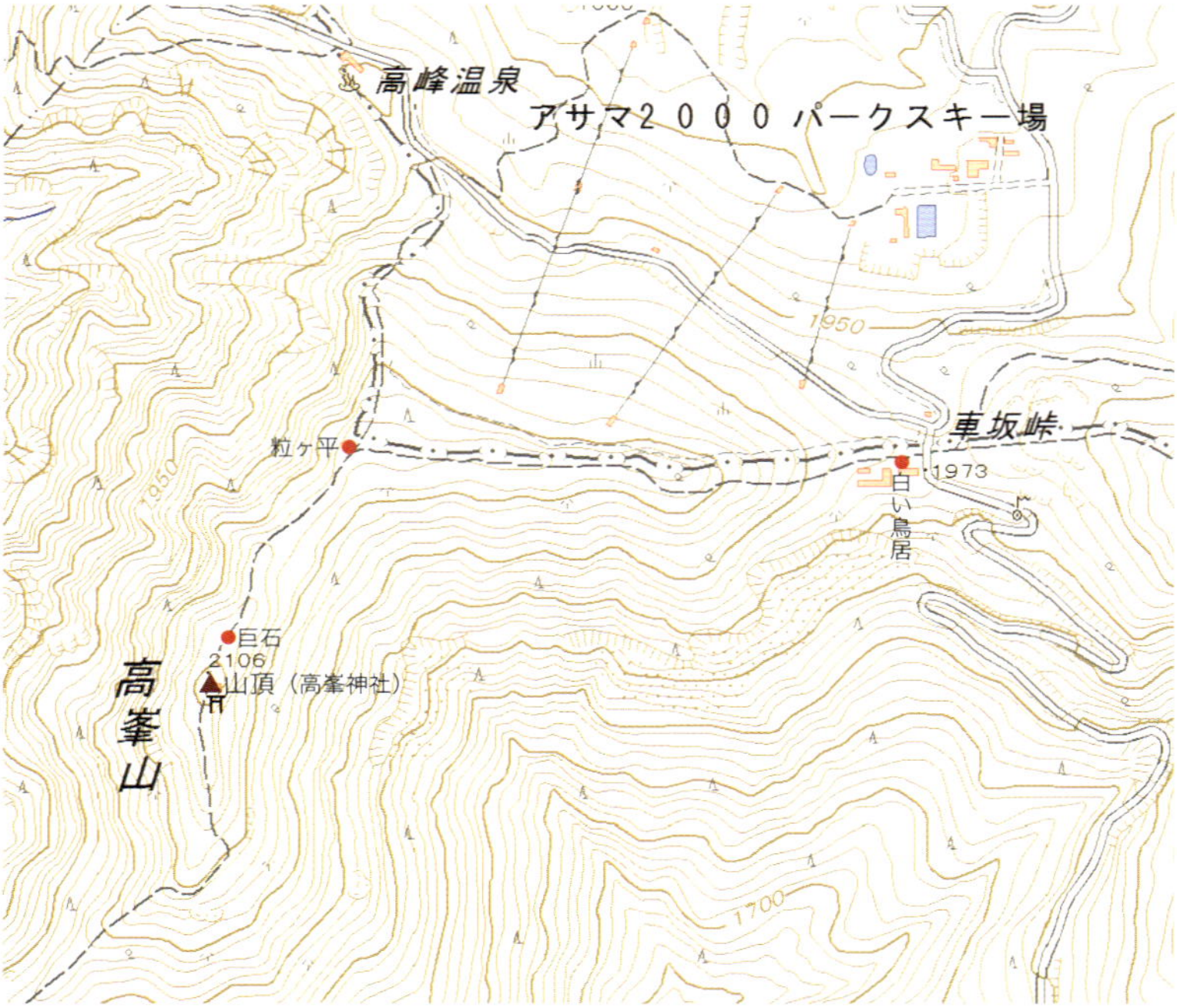

車坂峠から天空の回廊を歩き、粒ヶ平の分岐を南へ

登るのに苦労する低山があれば、ハイキング気分で山頂に立てる高峰もある。わずか1時間ほどの登山で絶景と出合える高峯山は、文字通り高山だが、低山級にラクチンなのだ。

2106mの高峰だが、小1時間で登頂すれば素晴らしい眺望！

前刊『低山トラベル』を上梓して以来、低山の定義について聞かれることが増えた。ぼくは1000mくらいを上限に、それより低い山だと考えているが、標高以前に「登山口」の高さも頭に入れておきたい。高峰山はたしかに高山だが、登山口の車坂《くるまざか》峠はなんと1973m地点。つまり、登山する標高差はたったの100m強しかない。しかも道は歩きやすく、厳しい急登もないときた。あっと言う間の〝登頂〟に拍子抜けするかもしれない。

初心者でも足の届く高嶺の花

「日本百名山」を記した深田久弥さんは、選定条件として「1500m以上の山」という線を引いた。例外は2座（筑波山と開聞岳）あるが、各地の山を歩いていると、やはり1000mを超える山は逞しい姿をしているし、道のりもハード。そんな先入観を打ち消してくれるのが、登山口の標高が高い高峰山だ。

ゆっくり時間をかけて長い稜線を辿りたい者にはやや物足りないが、山道の両脇を彩る高山植物の豊富さ、山頂の巨石群、そして遥かな大展望は充実の山行を約束してくれる。まさに、低山トラベラーにおすすめの高山なのである。登山を始めて間もない人や足腰に不安のある方、そして山でときめく気持ちを共有したい仲間がいたら、ぜひ誘い合わせて気楽な山の旅へ。たんに目の前の絶佳を愉しむだけの山行もわるくない。

高山植物の咲く山道では昆虫たちも迎えてくれる

短くも濃密な高原植物の道

車坂峠の高峰高原ホテルの裏手に、高峯神社の真っ白い鳥居がある。ここが登山口で「山頂まで1・7キロ」の道標が立つ。やや急な登り道から始まるものの、すぐに乗り越えてなだらかな稜線に出る。天空の散歩道に誘われ、素晴らしい眺望に心を躍らせながら、雲と同じ高さのトレイルを楽しもう。

山頂までは道がしっかりついているし、道標もわかりやすい。この道は「高山植物周遊路」と呼ばれ、短い距離に貴重な高山植物が賑やかだ。こうした場所では、むやみに登山道の外に足を入れるのは避けたい。貴重な植生を破壊する恐れがあるためだ。トレッキングポールを使う場合は、先端にゴムキャップを必ず付けておこう。美しい仲間を刺してしまわぬように。

粒《つぶ》ヶ平《だいら》で高峯温泉口からの登山道と合流したら、20分ほどで山頂に至る。賑やかな花々に足を止めて、のんびり行こうではないか。花がよいと、蝶もよい。秋にはトンボが群れを成す。まるで平地の植物公園にでもいるかのような錯覚を起こす。

そんな魔法にかけられたまま、木漏《こも》れ日の樹林を進むのだ。すると、突如として巨岩が行く手を阻む（左ページ上）。この岩塊の左へ回り込めば、一気に視界が開け、息を飲む絶景が控えている。

道脇の高山植物に迎えられ、わずかに樹林帯も

高峯神社の鳥居が「ようこそ、天空の道へ」と誘う

行く手にでんと座す巨岩。
この裏へまわれば……

龍神の頂で地球の営みを知る

山頂は岩に覆われ、よじ登って天を見上げれば、空を舞う気分になるだろう。ここまで1時間足らず、ほとんど汗もかいていないが、山道も楽しめて満ち足りた気分になる。標高という数値に惑わされ、２０００ｍを超える高山だから麓の町の様子なんて……と眼下を見れば、箱庭のような佐久平《さくだいら》が鮮やかに目に映る。それもそのはず、佐久平は標高約７００ｍの盆地なので、山頂からも町の雰囲気がわかるのだ。

巨石をまとった山頂に山と谷の龍神を祀る高峯神社。
逆鉾が天を指し、小諸市内大室神社の奥宮にあたる

南麓に広がる佐久平。奥に八ヶ岳と蓼科山

町との距離は近く感じられるが、視界に飛び込んでくる景観スケールは大きい。すぐ東隣に聳えるのは黒斑山《くろふやま》（左ページ上）。群馬県嬬恋《つまごい》村と長野県小諸市にまたがる浅間山・外輪山の最高峰で、高峯山より300ｍほど高く標高2404ｍ。その肩越しにちらと浅間山が頭を見せている。

視線を南方へ移せば（左ページ下）、関東山地の低山が波打つように重なる美しさについ見惚れてしまう。その後ろに奥秩父山塊の名峰が連なり、金峰山《きんぷさん》と瑞牆山《みずがきやま》の彼方には富士が浮かんでいる。佐久盆地を挟んで対峙しているのが八ヶ岳連峰、その西に諏訪富士と呼ばれる蓼科山《たてしなやま》の姿がよい。

そして中央分水嶺・金峰山に源を発する水が北へ流れて千曲川《ちくまがわ》となり、やがて長野で信濃川と名を変えて日本海へと注ぎ込む。その大地の構造を、高峯山は眼前に披露してくれている。

もう一つ、山頂の高峯神社の神にも触れておこう。それは天水《あまみず》ならぬ雨水を司る「高龗神《タカオカミノカミ》」と「闇龗神《クラオカミノカミ》」という龍神で、京都の貴船《きふね》神社の二神と同じである。

高龗神は「山と高気圧」を受け持ち、闇龗神は「谷と低気圧」を司るとされ、この山に雨を降らし、ろ過された水流は谷を伝い山麓に清水をもたらす。麓《ふもと》の営みとからみながら、地球のスケール感をも体感させてくれる……高峯山はそんなダイナミックな神さまに相応《ふさわ》しい山といえそうだ。

東方には黒斑山。稜線からちょこっと浅間山（2568m）がのぞき、右肩には剣ヶ峰（2281m）

▲コースガイド

アクセス：JR 北陸新幹線、JR 小海線・佐久平駅より
　　　　　または「小諸駅」からバス

駐車場：車坂峠／ 山行時間：約２時間

手前が関東山地、奥の稜線が奥秩父山塊。
瑞牆山（中央）の後ろには富士山

風越山《かざこしやま》

1535m

飯田の街を抱くように裾野を広げる風越山。富士山、立山とともに日本三霊山に数えられる加賀の白山が、この山と深いご縁で結ばれている。山道に並ぶ神仏は山岳信仰の面影を色濃く残し、南信州の心の拠《よ》り所となっている。

飯田の街の東方を流れる天竜川。正面に聳える風越山

天竜川東岸の丘から
望む三角形の風越山

飯田の街から見上げる風越山は大きい。麓から稜線に乗り、まずは手前の虚空蔵山《こくぞうさん》（１１３０ｍ）から眼下の伊那谷を一望しよう。ひと休みしたら、信仰の道を奥に辿って風越山をめざす。

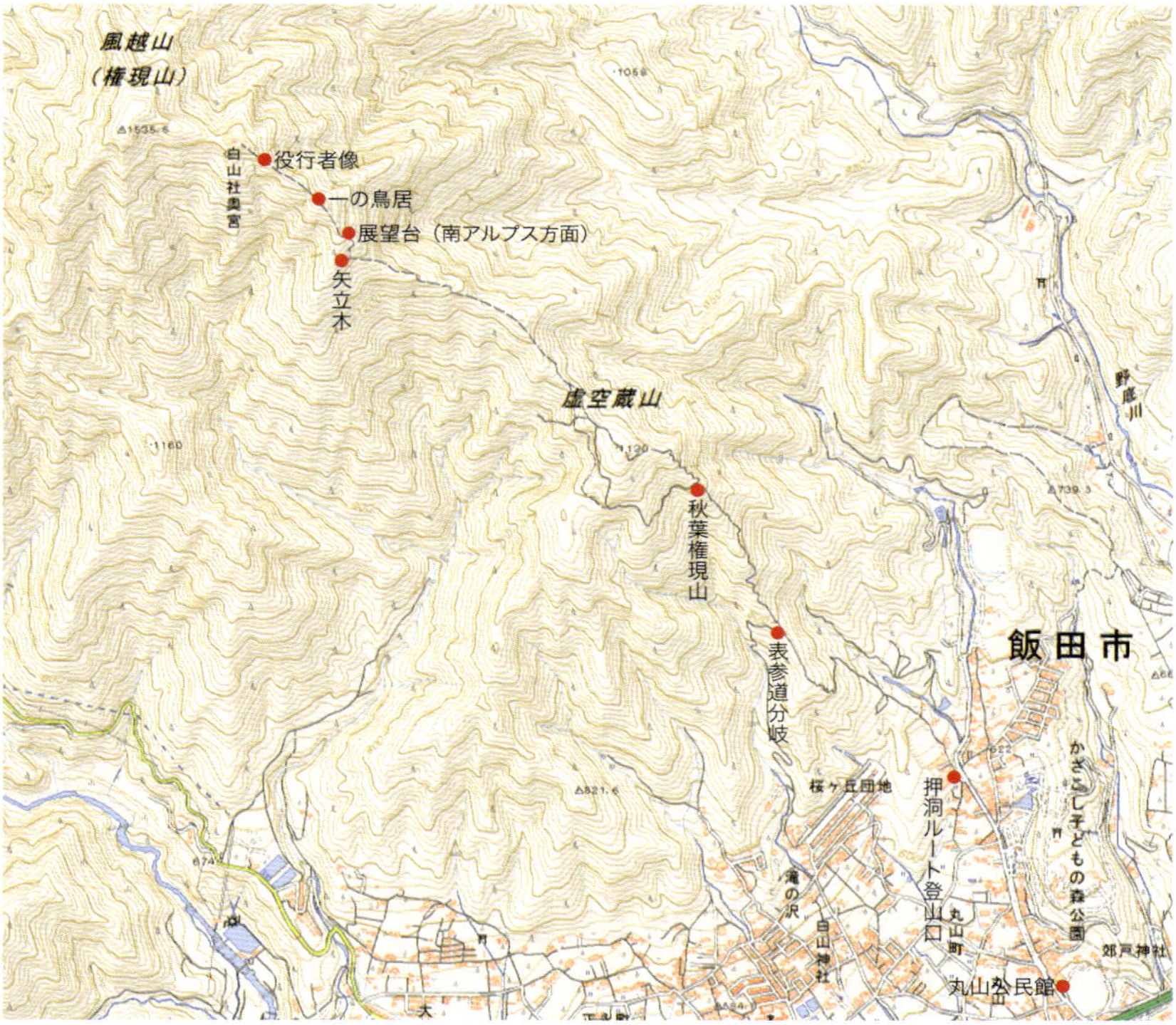

丸山公民館で地図を入手。ゴルフ練習場脇から入山して道標に従い高度を上げる

中央アルプスの前衛の山

登る前に、今宮町の丸山公民館に立ち寄って「風越山イラストマップ」を入手すると、山中でとても役立つ。作者の中嶋豊さんは信州の山歩き地図で知られ、手書き地図の活動をしているぼくはファンの一人だ。元長野県警の山岳遭難救助隊員が足と手で描いたガイド絵図には、「山岳は、山楽であり山学である」という真髄が込められていて味わい深い。

さて、丸山公民館を後に、ゴルフ場脇の坂道から「押洞《おしぼら》ルート」に入ってスタートだ。つづら折りの急坂を登ると、石灯籠と山の神の祠があり、ここで表参道登山口（滝の沢ルート）からの登山道と合流する。石仏や秋葉大権現の石碑を経ると、虚空蔵山に至る。

山頂は大きな展望広場だ。頑丈そうな東屋《あずまや》もあり、「中嶋地図」も閲覧できるので休憩にはいい。飯田の子どもたちも、ここまでは遠足などで登ってくるそうだ。祠《ほこら》には麓の小学生たちが学童登山で訪れた際の絵馬も飾られ、飯田市民に親しまれていることが分かる。

この虚空蔵山の奥に、めざす風越山があり、さらにその奥が中央アルプスとなる。木曽駒ヶ岳や空木《うつぎ》岳に代表される日本の屋根と伊那谷の里をつなぐ山が、ここ虚空蔵山であり風越山なのだ。

虚空蔵山から伊那谷の眺め。天竜川の向こうは南アルプスに続く嶺

杉の巨木を縫って石の階段が奥社の門へのびている。

白山の流れを汲む〝南信の権現さま〟

風越山の歴史は深い。717年に加賀の白山を開いた泰澄《たいちょう》が、翌年ここを訪れて開山したと伝わる。山頂の手前の峰に白山社奥社が鎮座し、ここに祀られる菊理比売命《くくりひめのみこと》は白山の女神と同一で、伊弉諾命《いざなぎのみこと》、大己貴命《おおなむちのみこと》と三柱を合わせて白山妙理大権現と呼ばれている。そのため「権現山」の別称も持つ。

山深い奥社までの道のりは心が弾む。出くわす石仏はハイカーを見守ってくれているし、紅葉の美しさが第一級のベニマンサク北東限の自生地で、秋はこれをお目当てにする人も多い。

矢立木《やたてぎ》を過ぎると、1400m地点に展望台がある。虚空蔵山より300mほど高く、南アルプスの展望が素晴らしい。鳥居が現れ、短い尾根を越えていく風が心地よい。駐馬巌《ちゅうまがん》なる巨石には、滑落事故の供養として鎮魂の題目が彫られている。「南無妙法蓮華経」とあるから、かつては日蓮宗の寺領だったことを窺わせる。修験道の開祖・役行者《えんのぎょうじゃ》と前鬼・後鬼の石像、岩を削った階段、そして石積みの階段を登りきると、白山社奥社が迎えてくれる。

山頂は、この奥社の先にある。急な山道の鞍部《あんぶ》をふわっと風が越えていく。それは穢《けが》れを祓う神の呼吸であり、火照《ほて》った身体を浄化してくれそうな風だ。この山風が「かざこし」の由来となった。

山肌を這うむき出しの根っこをロープを駆使して登りきれば、ブナに覆われたなだらかな道となり、石仏の先に風越山の頂が待っている。

役行者が両脇に前鬼・後鬼の夫婦を従えて

ふいに現れる矢立木の先に展望台が待っている

そこは見晴らしのない静かな頂だが、木漏《こも》れ日と木々の匂いにやさしく包まれる癒しの場。絶景だけが山の醍醐味ではないと教えてくれているかのようだ。

余談だが、山の名を「かざこしやま」と呼ぶ人と「ふうえつざん」と呼ぶ人がいて、しばしば論争となった。古い文献や飯田市内の小中高校歌でも「かざこし」と歌われており、「かざこしやま」が正しい。

ところが、昭和24年に飯田西高等学校と飯田北高等学校が統合され、「飯田風越高等学校」という女子高（現在は共学）が誕生した。その読み方をめぐって、議論百出するなか、結局、女子高らしく「ふうえつ」となり、やがて定着して今では広く用いられているとか。こんな地元あるあるも、知れば楽しくなる。

山頂直下の岩根の道はロープを駆使して登る

山頂標の表は「風越山」、裏には「権現山」とある

▲コースガイド
アクセス：JR 飯田線・飯田駅より徒歩
駐車場：かざこし子どもの森公園
山行時間：約５時間

大嶽山《だいたけさん》、その奥に……

天狗伝説も色濃い那賀都神社

山を数えるさまざまな単位は、思いつくだけでも山ほどある。

たとえば、一山（いちざん、ひとやま）、一峰（いちみね、いっぽう）、一岳（いちがく）などがあるけれど、厳《おごそ》かに聳える聖なる山を「座」で数えることは意外に知られていない。「日本には３０００ｍを超える山が21座ある」というふうに使う。

高い低いにかかわらず、昔から山には神さまがいて、日本各地の神話や昔話に頻繁に出てこられる。里に暮らす人々とともに土地の物語を紡ぎ、地域の歴史や文化、教訓などを教えてくれる。超然たる存在でありながら、なぜか人肌感をたたえているのが山の神であろう。神が降り立った場所を「座」で数えることや、精霊の依りつく石を「磐座《いわくら》」ということなど思い合わせると、古くから山と神は同一視されていたようである。つまり、山とは神であり、神とは自然である、ということになる。アイヌの世界においては、それらは「カムイ」と表現される。

まだ低山の虜《とりこ》になる以前のこと、奥秩父の標高２５００ｍの稜線を歩いていると、尾根に突き出たケルンのような大きな岩塊に出くわした。よく見ると岩のてっぺんに、天を指すように剣《つるぎ》が立てられていた。そこは秩父の名峰・国師《こくし》ヶ岳から南東に30分くらい下った地点で、地図に破線で記される稜線上の「天狗岩」と称される岩だった。

下山後もその剣と岩のことが気になり、調べてみると、あの尾根のはるか下方に座す「大嶽山那賀都《ながと》神社」と関わりがあることを知った。以来、なにやら惹かれるものがあり、何度となく大嶽山に足を運んでいる。

国師ヶ岳の天狗尾根に座す「天狗岩」に天を指す剣が

この那賀都神社を中心とした一帯を大嶽山《だいたけさん》と呼ぶが、いわゆるピークをもつ山ではない。沢伝いに奥へ奥へと辿って行くのだが、しだいに秘境に引きこまれていくようで胸が高鳴ってくる。そこは周囲を峻険な山に囲まれた谷の奥に隠れる神域であり、まさに深山幽谷の世界。

その最奥の巨岩に那賀都神社が鎮座し、相模大山と同じ三柱の山の神々（大山祇神・大雷神・高龗神）が祀られている。この三神が一緒に祀られる場というのは、古来〝山と水〟の関係を大事にしている証《あかし》である。そこを吹き抜ける清らかな沢風は、都会の垢《あか》を洗い流してくれるようだ。

由緒によれば、この地は役行者《えんのぎょうじゃ》によって修験道場として開かれ、山の鳴動が昼夜続いたことからこの山を那留都賀崎《なるとがさき》（鳴渡ヶ崎）と称したという。

その後、この地を訪れた奈良時代の僧・行基《ぎょうき》が「赤の浦鳴渡ヶ崎に那留神のみゐづや高く那賀都とは祈る」と詠み、那賀都神社が成立した。「みゐづ」とは「御稜威《みいつ》」のことで、京の帝《みかど》の威光を意味する。

行基のあと、最澄（天台密教）や空海（真言密教）も相次いで訪れたというほど、この山に宿る自然の力が修行者たちを惹きつけた。

時を経て江戸時代になると、上野の東叡山寛永寺に属し、羽黒《はぐろ》修験の聖地となった。

今の本殿の裏山に、かつての本殿がある

古い本殿の境内には巨石が点在する

寺社仏閣や山は、大切なものはその裏や奥にあることが多い。那賀都神社でお詣りしたら、ぜひ裏手の山に回ってみてほしい。「中津国《なかつくに》」を越えて川を渡り、大きな堰の上に広がる「高天原《たかまがはら》」をゆくと、小さな朱の鳥居の先に大嶽山那賀都神社の元の本殿がある。この古い社が建つ大きな岩の上に、かつて神が坐していた。

ちなみに、「座《ざ》」とは場所を意味し、「坐《ざ》」とは動作を意味する。「坐《ざ》す」といえば座るという動きのことだが、これを「います／まします」と読むと意味が変わり、神の気配がこめられる。

この上に高天原が広がる

ところで、作家・浅田次郎さんの著書『神坐す山の物語』は、「かみいます」と読む。武蔵御嶽《みたけ》神社の御師《おんし》の血を引く浅田氏が、子どもの頃から聞き知った東京・御岳山の不可思議な話を収録した連作短編集だ。

御岳山は東京を代表する霊山の一座である。まさに山の奥に踏み入るほど、物語が濃くなっていくのだ。

伊豆半島

静岡

「火山の贈り物」と称される伊豆半島。
独特の植生と奇観きわだつ低山ワールドに踏み込む。

城山《じょうやま》

342m

大昔、南の海からやってきた火山の芯が、この城山だ。低山ながら鎧《よろい》をまとったようないでたちが勇ましい。地面から巨大な岩が突き出たような姿に、初めて見た人は目を見張り、ワクワクしながら頂をめざす。

いかつい岩山を見上げながら登山口へ

狩野川沿いの長嶋ロードから見る城山

太平洋の海底火山がフィリピン海プレートに乗ってやってきて日本にぶつかり、噴火をくり返して大きな半島に育った。それが伊豆半島。その衝撃で隆起したり、溶岩が堆積してできたのが、天城《あまぎ》連山や沼津アルプスだ。この城山も火山活動の賜物《たまもの》である。

〝火山の根っこ〟の頂へ

地上に吹き出すマグマが、途中の火道《かどう》で冷え固まって岩となり、歳月を経てむき出しの巨岩が出現する。それを岩の頸《くび》――「岩頸《がんけい》」というが、伊豆半島ジオパークでは「火山の根」とも称している。

さて、そんなマグマの化石のてっぺんには、いったいどんなシーンがあるのだろう？ 伊豆箱根鉄道駿豆《すんず》線・大仁《おおひと》駅から歩いて向かう途中、狩野川《かのがわ》越しの城山が素晴らしい。この川は天城山を水源にした大きな流れで、太平洋側の河川でありながら北流する珍しい川だ。そんな狩野川に沿って、桜が並ぶ道がある。かの長嶋茂雄さんが選手時代にトレーニングした道で、城山にも登ったそうだ。

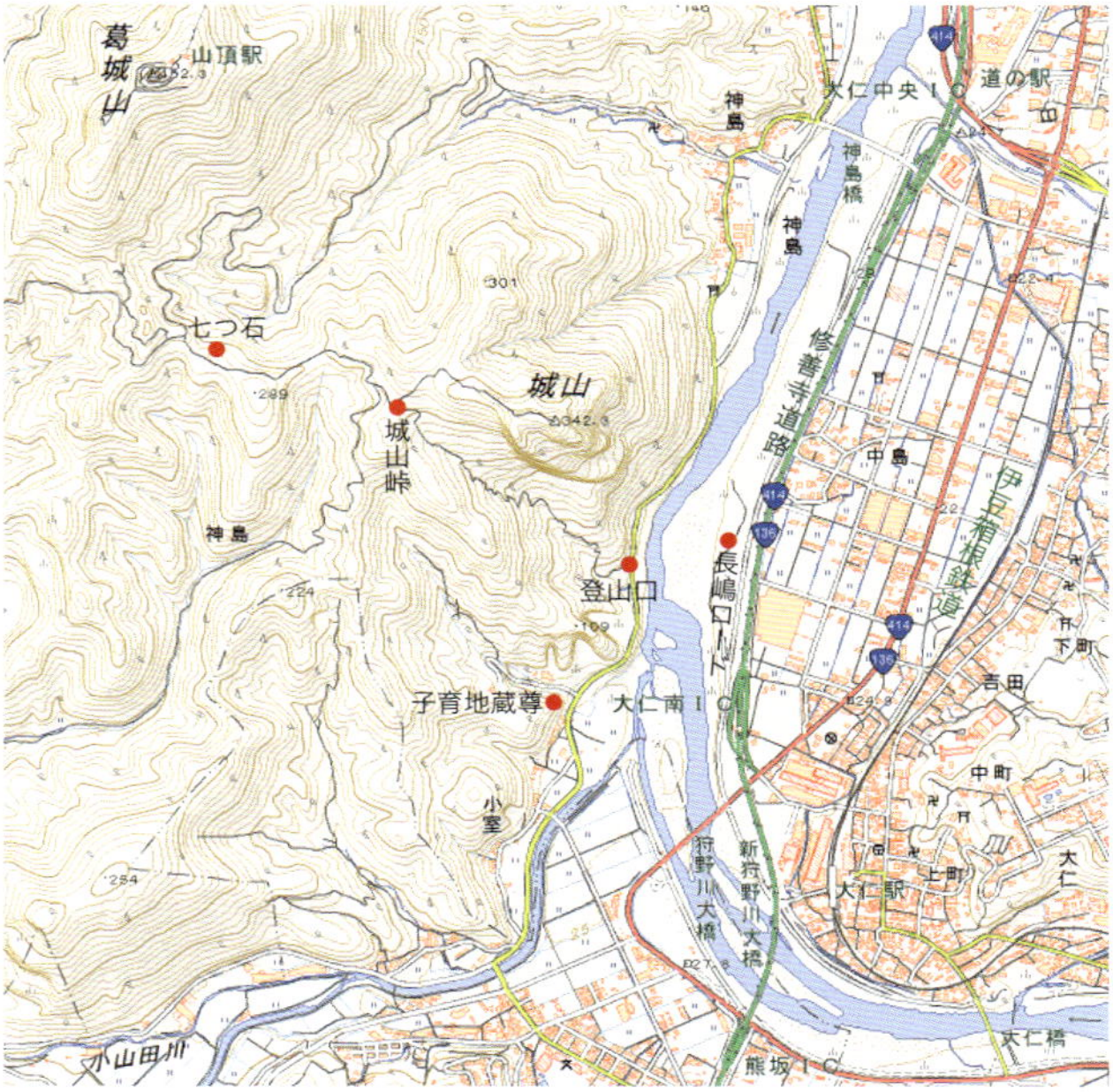

大仁駅から狩野川を渡って登山口へ。城山峠まで急登の一本道をゆく

巨岩がそのまま山となったような城山は、マグマがそのまま冷え固まった

登山口に立ってみると、意外に緑が濃いことに安心する。ゴツゴツした岩をよじ登るイメージだが、実際は竹林から始まり、異国からやってきたことを思わせる独特な植生のなかを縫いながら歩く。ただし、最初は石がゴロゴロの急登だ。汗をぬぐいながら、一歩ずつ登り上げる。ときおり木々の間から垣間見える断崖絶壁に、目を奪われるだろう。南に向いた壁はほぼ垂直で、太陽を存分に浴びて光り輝いている。ロック・クライミングの聖地としても知られ、休日にはそそり立つ岩壁に張り付いたクライマーを下から眺めることができる。この光景を目にしたハイカーからは、決まって「登山道とどっちが早く山頂に着けるだろう？」と声が上がる。

城山の登山口。伊豆半島ジオパークのコース案内が詳しい

登り始めは急な石の道

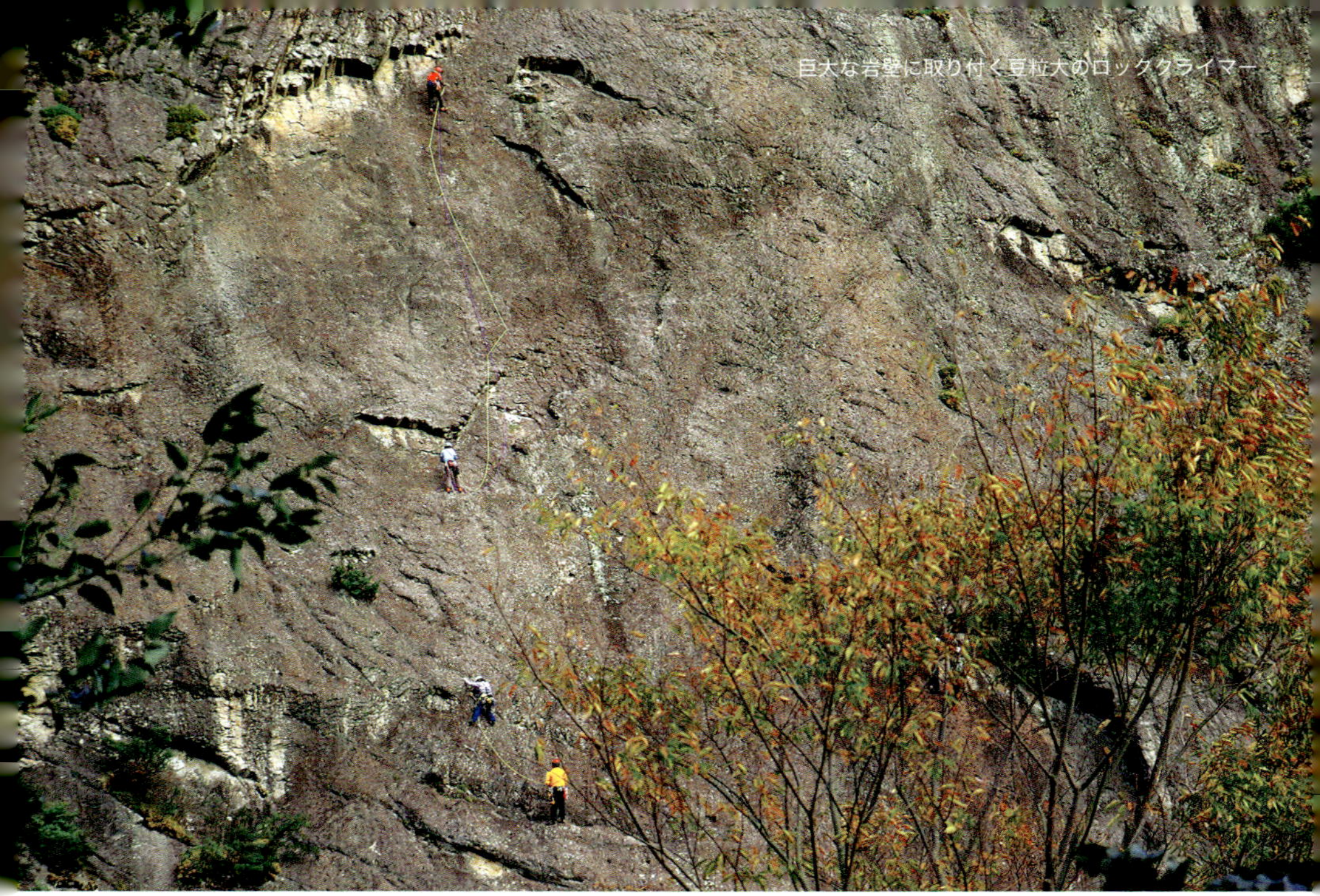

巨大な岩壁に取り付く豆粒大のロッククライマー

城山峠に到着すると、隣りの葛城山《かつらぎやま》・発端丈山《ほったんじょうやま》方面の道と城山山頂方面とに分岐する。葛城山、発端丈山、そしてこの城山をあわせて「伊豆三山」という。〝伊豆のへそ〟と称される内陸の街・大仁から、伊豆三津《みと》シーパラダイスがある内浦湾まで縦走するロングコースは、レベルアップしたら挑戦してみよう。

峠から約20分で溶岩のてっぺんに立てる。天城山から丹那《たんな》盆地、そして富士山まで展望が大きく気持ちがいい。東側の眼下には大仁の街並、蛇行する狩野川が美しい。暮らしぶりがわかるほどの高度感は、低山ならではの魅力だ。

山頂から麓の街と狩野川

昔は「丈山」と書いたそうだが、南北朝の頃にこの地で鎌倉公方《くぼう》と戦った畠山国清が籠《こも》った金山城があったので「城山」となったとか。恰好の見張り場だったろうが、畠山氏は敗れ、後の世に後北条氏の城となる。山頂は広くなく、城跡もよくわからないが、休憩場には相応しい。

城山峠から山頂までの楽しい尾根道

見上げれば、天を突く岩山！

下山は、城山峠から葛城山に向かって伊豆長岡に下りるのもいいし、同じ道をピストンして戻ってもいい。大仁には「百笑の湯《ひゃくわらい》」があるから、ひと汗流して帰るのもいいだろう。

そういえば、麓には「子育地蔵尊」がある。子宝を願う夫婦が願掛けをして一体のお地蔵さんを借り受け、願いが叶った暁には二体にしてお返しするのだ。各地の山を歩いていると、これと同じ風習をよく見かける。有名なところでは、山梨の日本百名山・鳳凰《ほうおう》三山の地蔵岳だ。この山の象徴であるオベリスクのすぐそばに、甲斐駒ヶ岳と仙丈ヶ岳を見渡す天空の〝賽《さい》の河原〟があり、無数のお地蔵さんが並んでいるのだ。

登山口にほど近い子育地蔵尊

帰り際、ふと子育地蔵尊に目をやると、真新しいお地蔵さんが混じっていた。願いが叶ったご夫婦がお礼参りに来た証《あか》しだろう。伊豆半島を生んだ火山の根っこに、人が生まれるエピソードが宿るというのも、なんだか素敵なご縁である。

▲コースガイド

アクセス：伊豆箱根鉄道駿豆線・大仁駅から徒歩
駐車場：登山口に数台
山行時間：約２時間半

葛城山《かつらぎやま》

452m

山裾には里山の風情が漂う

勇ましい城山とは対照的に、隣りに連なる葛城山はやさしく長閑《のどか》な里山の佇まい。裾野にはみかん園が広がり、伊豆長岡温泉も近い。山頂まで「パノラマパーク・ロープウェイ」で行けるが、ハイカーはもちろん歩いて登りたい。

城山峠から分岐を西へ。七つ石の先で林道を横切って再び山道に入り、発端丈山分岐をめざす

駿河湾と静浦山地を望む。奥に愛鷹山塊と雲隠れの富士

城山からの縦走ルートが楽しい

隣りの城山は、その岩がむき出しになっている岩頸《がんけい》の山だが、樹林に覆われた葛城山も、実は同じ火山の根の一部だ。

沼津アルプスから延びる静浦山地一帯が太古の火山活動の名残りであり、葛城山の頂から見渡せる箱根の山々や天城連山も火山活動の産物だ。さらに駿河湾と富士の展望も求めて、城山からスタートする縦走ルートを辿《たど》ってみよう。

巨岩が並ぶ「七つ石」。愛らしい犬岩も

城山峠までは、前項「城山」でも述べたとおり急登だが、「葛城山・発端丈山《ほったんじょうやま》方面」へは、ゆるやかなアップダウンの樹林帯がつづく。風のない時は音のない神秘の道だ。伊豆三山を縦走して駿河湾に抜ける渋いコースでもあり、里を離れた静かな山歩きが心地いい。巨岩が連なる「七つ石」には、犬が主人を見上げるような愛らしい岩もあるから探してみよう。

城山から葛城山へ向かう静かな山道

発端丈山との分岐「鶯谷」から、いったん杉に囲まれた下り道へ

いったん林道を横切り、ふたたび山道を辿ると「出払い」なる看板が現れる。左に行くと外山、右は内山とあるが、ここは外山（左側）へ行こう。山では「追分《おいわけ》・出合《であい》」という言葉をよく見かけるが、道が二手に分かれるところを「追分」、合流するところを「出合」とか「落合《おちあい》」という。この「出払い」は、男坂と女坂の分岐を示すようなものだろうか。（かつて、この周辺の小字に「出払」という名称もあったそうだが）。

この先の地元の案内板「葛城山背面登山口」はスルーして、発端丈山との分岐となる「鶯谷」を右手へ、葛城山方面に下ろう。ここまで稼いだ高度をマイナスにするが、合流した林道の先からは、いよいよ山頂アタックの急登だ。やや辛いつづら折れの道だが、高度を上げるにつれて開ける見晴らしが励みになる。観光客が涼しい表情で歩く遊歩道が見えてくれば、そこが伊豆の国パノラマパークの山頂敷地だ。

そこは疲れが吹っ飛ぶほどの景観――南東にはどっしり構える天城《あまぎ》連山、二つのコブをもつ矢筈山《やはずやま》、伊東の大室《おおむろ》山もちょこんと頭を出している。

ボードウォークの先にある「さえずりの丘展望台」からは、登ってきた城山と大仁の町を流れる狩野川、西には達磨山だ。そしてハイカーも観光客も釘づけになるのが北の展望。箱根の山々の西方には大きくカーブを描く駿河湾に沿って、沼津の市街が広がっている。湾にはおにぎりみたいな淡島が浮かぶ。沼津アルプスと呼ばれる低山山脈の向こうには愛鷹《あしたか》山塊、その背後に富士山が大きな裾野を広げている。伊豆を取り巻く名山を、指折り数えながら見渡せるのが葛城山の魅力だ。

パノラマパークに入ってすぐ右手のボードウォークを歩く。この先に絶景が……

林道の先にある登山口からラストスパート！

頂上から南東の眺め……左手前は城山、麓に狩野川。左手奥の茶色の山肌は大室山（580m）。中央には“げんこつ山”こと矢筈山（816m）、右手には天城へ連なる遠笠山（1197m）

奈良の葛城山と同名のこの山は、山頂の古社が大和国から来たと伝わる。その大和の葛城山で修行に励んだ役行者《えんのぎょうじゃ》が、流刑先の伊豆の拠点にしたことも、山名の由縁の一つといわれている。

小坂みかん園に向かって下山する途中には「竜神岩」なる磐座《いわくら》がある。マグマの冷却による柱状節理がみごとで、ここでも伊豆半島を形づくった地球の営みを見て取れる。

戦国期には、小田原を護る後北条氏によって、伊豆三山に狼煙《のろし》台が作られたという話も伝わる。

城山から葛城山の登山道は、往時の修験者や小田原の兵たちが踏みしめた信仰の道であり、戦《いくさ》道でもあったであろう。

こんなお洒落な展望シートに坐って駿河湾を

山頂の足湯で富士を眺めるイキなはからい

いにしえ人は竜神岩に何を願ったか

▲コースガイド

アクセス：前項「城山」から縦走
駐車場：伊豆の国パノラマパーク
山行時間：約３時間

猫越岳《ねっこだけ》

1035m

仁科峠から登ってすぐの「なべ石」で
振り返れば、浮き立つ富士

登る前から胸が高鳴る。笹の原のうねりが伊豆特有の色彩を放ち、真っ青な駿河湾と蒼穹の空が限りなく大きく、天地一体の別世界。その間に富士が挟まれ海と空をつないでいる。大海原を眺めつつ火山の根っこに分け入ろう。

仁科峠から南の眺め。丘の上にポツンとある「なべ石」から左の稜線へ

登山口となる仁科峠はドライバーにも人気の景勝地だ。その駐車場から猫越岳までは静かな道のりだが、ひとたび歩きだせば、これぞ伊豆！という笹の絨毯《じゅうたん》が心地よい。ほんの5分ほどで辿り着く最初の展望地「なべ石」で、早くも圧倒的なスケールの見晴らしに打ちのめされる。

ここから笹と木々が織りなす独特のアーチのなかを進み、ぼちぼち登りの道となる。

猫越岳までの山道は火山で生じた山岳地らしく変化に富み、小さな高低を何度もくり返すため、歩きごたえも十分だ。のんびり歩くのが好きなハイカーなら、かなり気に入るだろう。

周辺の放牧場を眺めながら登り、何度も振り返る。無理もない。笹の原のうねりの先に達磨山《だるまやま》のきれいな稜線が延び、その上に富士山がぽっかり浮かんでいるからだ。

県道59号の仁科峠からほぼ一本道で、道標も分かりやすい山道

伊豆らしい植生と芝の道は気分よく歩けて実に楽しい

起伏が大きい静かなブナの森をゆく

木の階段は端が滑りやすいから御用心！

標高９９４ｍの後藤山《ごとうさん》から先は、みごとなブナの巨木が気分を高めてくれる。植生や芝の道が美しい伊豆の山らしく、歩いていて心の浮き立つ山道だ。すれ違うハイカーの顔もみなほころんでいる。

ときおり駿河湾の光る海が、低くたなびく山並みの間に現れ、富士が頭をもたげ、本当に景色がよい。

途中の展望台からは、西伊豆の山と海が複雑な海岸線を描き、凪《な》いだ海面は陽光がきらめき銀盤のようだ。

途中の展望台から望む西伊豆のきらめく海岸線

なぜ猫が越えた山なのか？

展望台を越えると、めざす猫越岳は近い。「ねっこだけ」と読むこの山は、小猫たちに囲まれて踊る大猫がいたとか、木の根っこがすごいとか、猫背になるほど起伏のある山だとか、山名の由来には諸説あるようだ。しかし、想像を膨らませてみると、〝火山の根っこ〟がその由来ではないかとつい思う。太古の伊豆は太平洋の海底火山群がプレートに乗って接近、衝突して隆起したものだ。その火山群のなかに「猫越火山」も含まれ、現在の仁科峠の南部あたりを形づくり、長い年月をかけて隆起したものが猫越岳あたりの山稜なのだ。

さて、山頂を目前にしたところに「猫越岳山頂の池」というのがある。初夏には天然記念物モリアオガエルが産卵する山上池沼だが、かつてこの池は火口湖とみなされていたとか。

猫越岳の山頂へは、ここから10分ほどだ。しかし展望がないうえに狭いから、この山中にひっそり水を湛える神秘の池のほとりで休憩をとるのがいいだろう。

神秘的な雰囲気が漂う猫越岳山頂の池

高度を上げるにつれ富士は高く、大きくなる。
海に沈む夕陽をやわらかく浴びる黄昏・富士

山頂からこのまま天城峠方面に向かうもよし

帰りは来た道を戻るピストンだが、余力があれば猫越岳から三蓋山《みかさやま》を経て、天城峠方面をめざすというルート選択もある。

その際、途中で二本杉峠を通る。天城路の古峠に代わって利用されるようになった「旧天城峠」とも呼ばれる峠だ。江戸の幕末期、開国を迫る米国のペリー提督がやってきた下田。その港町と江戸を往来する志士ら歴史上の人物が越えた峠としても知られる。

なかには黒船に乗り込んで海外渡航を夢見た吉田松陰もいた。しかし捕まって江戸に連れ戻されたのも、この二本杉峠の〝天城越え〟だった。歴史の刻まれた伊豆の古道を辿ってみるのもいいだろう。

▲コースガイド

アクセス：59 号線仁科峠からピストン
駐車場：仁科峠（トイレなし）
山行時間：約 3 時間

三筋山《みすじやま》

821m

見下ろす相模の海に浮かぶ伊豆大島、屏風《びょうぶ》のように聳える天城山に、東伊豆のスケールの大きさを思い知る。風が吹けば、山肌一面のススキが獣のように波打ち、どこか違う星にきたような幻想の世界に誘われる。

桃野湿原に点在する池塘（湿原にできる池沼）

山頂から相模灘に浮かぶ伊豆大島

稲取駅から細野高原をめざす。駐車場の先は舗装路で、湿原を縫うように歩く

伊豆半島は東と西で風景が違う。西海岸は波の浸食と地盤沈下で複雑な海岸線をもち、山が海に落ち込んでいる。東海岸は隆起した波食台《はしょくだい》と白い砂浜で風景が造られる。その東海岸を見下ろすフシギな山がある。三筋山のススキの渦《うず》に踏み込むと、魔法にかけられたような気分になる。

伊豆半島と伊豆七島は日本で唯一「フィリピン海プレート」にのった陸地で、東の海は相模灘、西の湾は日本でいちばん深い駿河湾である。三筋山から望む相模湾は、日本で2番目に深い湾だ。空との境がわからない青い海原に、ぷかりと浮かぶ伊豆大島が幻想的だ。この島も、いずれ本州に衝突して半島になるのかな……と想像すると、地球は生きてるんだと溜め息が出る思いだ。

金色の野に降り立つべし

秋の三筋山は黄金色に包まれる。毎年10月～11月にかけてススキのイベントが催されるが、その舞台である「細野高原」という名称の方が三筋山よりも通りがいいかもしれない。細野高原にはいくつかの湿原が点在しており、入口から順に登り上げていくハイキングコースが整備されている。山中にはたくさんの遊歩道が網の目のように張り巡らされ、どのルートも細野高原の最高地点、三筋山の山頂につながっている。

伊豆稲取《いなとり》駅からスタートする場合、山頂まではほぼ舗装路。長いアスファルトの坂道は足にこたえるので、マイペースで登ろう。

細野高原に入ってすぐ、中山一号湿原、中山二号湿原が現れる。なだらかな山腹の途中にある湿原で、群生するススキの海に三筋山が浮かんでいる。一帯は天城連山の高原だが、稲取泥流と呼ばれる水はけの悪い堆積物のおかげで、このような湿原が生まれた。

金色に光り輝くススキ野のうねり

三筋山は天城山の一部を形成する低山

おとなの背丈よりも高いススキは、穂先に蓄えた太陽のきらめきで山全体を明るくする。スタジオジブリの作品『風の谷のナウシカ』に金色の野というフレーズが出てくるが、まさにその雰囲気だ。

左手のルートは山頂に直登できるが、ここは右手にルートをとって桃野《ももの》湿原に立ち寄ってみよう。ここから池塘《ちとう》越しに眺める三筋山と天城山は見事だ。太陽と風の演出によってススキの波が生じ、山全体がうねる。素晴らしいシーンに言葉もなく、いつまでも眺めていたくなる。

桃野湿原から山頂まで、ふたたびアスファルトの急坂を登る。辛《つら》くなったら、後ろを振り返ろう。伊豆大島に励まされる。

頂に近づくにつれ、風車が風を切る音が大きくなる。木組みの階段に到れば、あと15分ほどで山頂だ。

途中の絶景ポイントでも目を見張るが、山頂まで登りきれば３６０度の大パノラマが待っている。

西日を受けてさらに輝きを増す金色の山肌に立つと、映画の主人公にでもなったような気分だ。

山頂で迎えてくれる巨大な風車

三筋山では年に一度、春を迎える風物詩のように山焼きが行われる。危険を伴う山焼きの前には、あらかじめ防火帯を作るための野焼きがされる。新緑から秋にかけて、東伊豆の高原歩きと絶景が楽しめるのも、そんな地域の計らいがあってこそだ。地域の山の行事を知っておくのも、ハイカーとしての嗜《たしな》みであろう。

北方に屏風のように聳える天城山。天城山とは連山の総称で「日本百名山」の一つ。 右のコブが万二郎岳（ばんじろうだけ 1,299m）、左には伊豆半島最高峰の万三郎岳（ばんざぶろうだけ 1,406m）。火山活動で形成された東西に連なる山稜は富士箱根伊豆国立公園に指定されている。

▲コースガイド
アクセス：伊豆急行線・伊豆稲取駅より徒歩
駐車場：細野高原
山行時間：約５時間半

烏帽子山《えぼしやま》の永遠の女神

烏帽子山は海に突き出た岩の固まり

伊豆半島の魅力を「火山」と「植生」という視点で見ると面白い。

とくに西海岸は、海岸線が駿河湾に沈んでいくという大地のメカニズムに乗っていて、それがいっそうドラマチックな景観を生みだす理由になっている。

東海岸には鉄道が通ったために人が多く集まり町も発展したけれど、西海岸は海岸線をなぞって蛇行する細い道路しか作ることができず、観光の面で遅れをとった。とはいえ、沈む夕陽で黄金色に染まる黄金崎《こがねざき》や、波と風で複雑に浸食された入り江の神秘、山がそのまま海に沈降した姿など、西伊豆ならではの自然美はダイナミックで、訪れるたびに心を揺さぶられる。

伊豆半島の南西、松崎に雲見《くもみ》という地域がある。その海岸でまっ先に目に飛び込んでくるのが、海に突き出した標高163mの尖った岩山だろう。伊豆によく見られる「岩頸《がんけい》」の岩山で、この町の象徴ともいえる「烏帽子山」だ。まさに烏帽子をかぶって海に潜っているようで、全山が岩の固まりといった風情である。

厳つい姿に一瞬ひるむも、あのてっぺんに登ってみたい！　と思わせる特異ないでたち。その想いを遂げるには、烏帽子山の付け根にある雲見浅間《せんげん》神社の鳥居から、反り返るように急な階段を登っていくしかない。拝殿と中ノ宮を経ると岩場の道となり、山頂の本殿裏にある石段を這うように登れば、烏帽子の尖った先っぽ。そこには、地球の丸みを実感できる超ド級の海原展望が広がっている。駿河湾の彼方には静岡の久能山や焼津あたりだろうか。そして吹きつける海風が悠久の時を刻んでいる。

麓から見上げる山頂は、
尖った大岩の上にある

ところで、雲見浅間神社に宿る磐長姫命《いわながひめのみこと》に触れたい。文字通り岩石を思わす名だが、石のように変わらぬ悠久の営み、つまり「永遠」を意味する女神なのだ。ふつう浅間《せんげん》といえば富士山を意味し、そこには「美しくも儚《はかな》い」妹の木花咲耶姫命《このはなさくやひめのみこと》を祀っている。しかしここは全国的にも珍しい姉のみの社となっている。

東伊豆の伊東には山焼きで知られる大室《おおむろ》山（580m）があり、その火口内にある「大室山浅間神社」にも姉だけが祀られているし、南伊豆の下田には烏帽子山と同じ岩頸の下田富士（191m）があり、山そのものを磐長姫命とする民話が伝わっている。

妹の富士山（木花咲耶姫命）が、下田にいる姉を見ようと背伸びをくり返すうち、日本一背が高くなったという地元の昔話だ。

拝殿から中ノ宮に向かう急な階段は 320 段

中ノ宮から山頂の本殿までは岩の道

山頂の本殿「御嶽浅間宮」と駿河湾の大展望。妹の富士山はこの日も雲隠れ

伊豆半島の北には富士山の妹がいて、半島の東西と南には姉が祀られているのがなんとも興味深い。

火山を姉（岩）に、植生を妹（花）に見立てて、伊豆の魅力を探究する面白さを、ぼくは烏帽子山で妄想した。

思うに、木花咲耶姫命は植生豊かで美しい木花のある場所に、磐長姫命は大地が生まれる火山や溶岩の源に祀られている。そして烏帽子山も大室山も下田富士も、火山によって出現した伊豆の原点だから、そこに姉を祀ることによって永遠の繁栄と平和を祈ったのではないか……。

烏帽子のてっぺんで、雲見浅間神社が麓の町を見渡し、海辺に暮らす人々の永遠《とわ》の平穏を見守っている。この山頂に立つたびに、変わらぬ日常を紡いでいくことの大事さに気づかされる。

土地に伝わる物語を辿る低山の旅。ぼくをいつもその原点に立ち返らせてくれる女神の山なのだ。

雲見浅間神社の門ともいわれる千貫門への道

あとがき

土地の歴史や山の物語を辿りながら旅をして、ずいぶん経ちます。ある時、どこの里山にもあるような田畑のなかを歩いていた時のこと。正面に横たわる低山をめざしていると、ふいに大きな十字路に出くわしました。足を止め、まっすぐ行くか、左右に分岐する道を選ぶかで悩むことしばし……。ぽつんと佇む小さな祠には導きの神・猿田彦大神《さるたひこのおおかみ》が祀られており、ぼくはそっと願掛けをしてから、地図を眺めました。どの道を選んでも先で合流しますが、道が違えば目にする景色も変わります。

まっすぐ進めば最短で登山口に行き着くが、景色は期待薄。しかし左右の道は山裾の東西を巻いているので、山容を眺めながら登山口に向かうことができる。しかも、左の道の先には人家が多く、道すがら地元の人に山の話が聞けそう……というわけで、西の道を選択。

とまあ、こんなことは山行ではよくあることですが、まだ見ぬシーンに胸をときめかせて山道を辿るのは、人生の〝岐路〟にも似ています。

ところで、山偏《へん》の漢字は山ほどありますが、登山中によく見かける字……たとえば岐路は分かれ道のこと、峠は上《のぼ》りつめて下る坂道を意味します。いずれも人生で出くわす転機も意味し、とくに「辿」はしんにょうが山を巻く登山道のようで、ぼくは山紀行で好んで使います。しんにょう偏は十字路で立ち止まる足を表現したもので、「辿る」とは手掛かりを頼って探求し足掛かりを伝って尋ね歩くさまのこと。まさに里山の十字路で悩んだあの時のように……。

こうして辿り続けた低山の結晶から、『低山トラベル』の続編が生まれました。この本をご縁に、新たに〝低山趣味〟に憑《つ》かれたみなさんと邂逅《かいこう》できることを楽しみにしています。

三年目を迎えたNHK「ラジオ深夜便」をはじめ、ぼくに低山噺《ばなし》の機を与えてくださった方々、日ごろの山行に付きあってくれる山仲間に心からありがとうを。そして、今回も本の山登りで名ガイドを務めて頂いた編集部の浜崎さん、イラストを描いて下さった小春さんに感謝です。

では、〝机上登山〟と、春夏秋冬の低山を楽しむ旅へ、行ってらっしゃい！

（征）

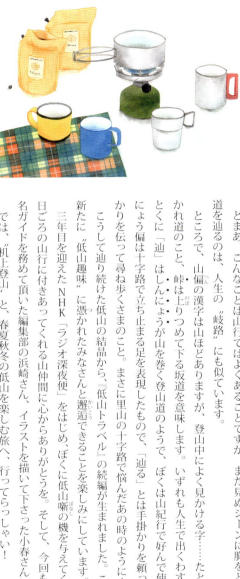

著者

大内 征（おおうち・せい）

1972年生まれ、宮城県仙台市出身。東京都武蔵野市在住。低山に秘められた歴史や伝承物語を辿り、日本各地を旅する低山トラベラー。独自の登山スタイルを探究し、山のストーリテラーとして面白い山々を紹介するかたわら、テレビ・ラジオ・雑誌を通じて知られざる山の魅力を提唱し、新たな〈山がたり〉を発信している。

NHKラジオ深夜便『旅の達人〜低い山を目指せ！』にレギュラー出演。NHK Eテレ『趣味どきっ! 大人の歩き旅』、BS日テレ『低山トラベラー』案内人。山岳誌『岳人』に連載するなど、さまざまなメディアで活躍。

「自由大学」の人気講座『東京・日帰り登山ライフ』の教授を務め、ピークハントにとらわれない山旅の愉しみを分かちあう場をつくっている。また、「手書き地図推進委員会」の発起人として、地元の魅力をクローズアップする地図づくりの場を自治体とともに設け、教育分野からも注目を集めている。

著書に『低山トラベル』(二見書房)がある。

●NHKラジオ深夜便　http://www.nhk.or.jp/shinyabin/
●自由大学　https://freedom-univ.com/
●手書き地図推進委員会　http://www.tegakimap.jp/

とっておき！ 低山《ていざん》トラベル

関東平野《かんとうへいや》を取《と》り巻《ま》く名低山《めいていざん》31座《ざ》

著　者　大内《おおうち》 征《せい》

発行所　株式会社 二見書房
東京都千代田区神田三崎町2-18-11
電話　03(3515)2311 営業
　　　03(3515)2313 編集
振替00170-4-2639

イラスト　小春あや

地　図　国土地理院「地理院地図」(電子国土Web)

印　刷　株式会社 堀内印刷所

製　本　株式会社 村上製本所

落丁・乱丁本はお取り替えいたします。定価は、カバーに表示してあります。
©Sei Ouchi 2018, Printed in Japan.
ISBN978-4-576-18047-2
http://www.futami.co.jp